名もなき
花たちと

戦争混血孤児の家
「エリザベス・サンダース・ホーム」

小手鞠るい

原書房

名もなき花たちと

戦争混血孤児の家「エリザベス・サンダース・ホーム」

目次

はじめに　家族って、なんだろう？……5

第一章　ママちゃまと六人の子どもたち……15
五回めの写真さつぇい／六人の個性と共通点／戦争孤児と混血孤児

第二章　あなたの敵を愛しなさい……35
男まさりの女の子／聖書との出会い／イギリスの孤児院を訪問／生涯の親友と知りあう

第三章　ふろしき包みの重み……59
茶色の肌をした赤んぼう／五千通の手紙／トンネルをくぐり抜けて

第四章　祈りをもってまいた種……83
美しい花園／デメちゃんのつぶらなひとみ／小学校をつくる

第五章 自由にのびのびと育つ……103
楽しい遠足と修学旅行／落第した「教授」／絵の得意なヘレン

第六章 七つの海をこえて……125
メリーおばさん／マイクのパパ

第七章 サントス丸の出航……145
ブラジルをめざして／楽園を築く／マンマン・ジョージ／愛される日本人

あとがき この本を手に取ってくださったみなさんへ……167

参考文献……170

エリザベス・サンダース・ホームの歩み……172

装画　北原明日香
装丁　永井亜矢子（陽々舎）

はじめに

家族《かぞく》って、なんだろう？

みなさんには、どんな家族《かぞく》がいますか？

おとうさんとおかあさんときみの、三人家族ですか？

おじいさんやおばあさん、おねえちゃんやおにいちゃん、妹や弟のいる人もいるでしょう。かわいがっている犬だって、たいせつな家族ですね。

親せきの人といっしょに、暮《く》らしている人もいるかもしれません。

おとうさんだけが家族、おかあさんだけが家族、そんな人もいるでしょう。

大人になってから、ひとりで暮らしている人にだって、家族はいます。

わたしはアメリカで夫と暮らしていますが、生まれ故郷《こきょう》の日本へもどれば、両親《りょうしん》と弟がいます。

このように、家族《かぞく》にはいろいろな形があります。

家族の形は、けっして、ひとつではありません。

家族には「これが正しい」という決《き》まりもありません。「これが理想的《りそうてき》な家族だ」という見本もモデルもありません。人数が増《ふ》えたり、減《へ》ったりして、変《へん》化《か》していくこともあります。暮《く》らす場所《ばしょ》が変《か》わったりすることもあります。

遠く、離《はな》ればなれになってしまっても、きみが「家族だ」と思っているかぎり、その人はきみの家族でありつづけてくれます。

信頼感《しんらいかん》、安心感《あんしんかん》、尊敬《そんけい》の気持《きも》ち、感謝《かんしゃ》の気持ち、守《まも》ってあげたいという気持ち、大好《だいす》きという気持ち。

家族をささえているのは、そのような心です。

きみにも、わたしにも、家族がいるように、エリザベス・サンダース・ホームの子どもたちにも、家族がいました。

エリザベス・サンダース・ホームで育《そだ》った、二千人以上《いじょう》の子どもたちは、たったひとりのおかあさんのことを「ママちゃま」と呼《よ》んでいました。

わたしの手もとに、一冊《さつ》の本があります。

タイトルは『母と子の絆《きずな》――エリザベス・サンダース・ホームの三十年』（以後、『母と子の絆』と記します）。

発行《はっこう》されたのは一九八〇年（昭和《しょうわ》五十五年）五月三十一日。

この本を書いたママちゃま、こと、澤田美喜《さわだみき》さんの「あとがきにかえて」の全文を、みなさんにご紹介《しょうかい》しましょう。


私《わたし》は三十三年の間、花束《はなたば》をつくりつづけてきました。

道のかたわらに淋《さみ》しく咲《さ》いていた花、誰《だれ》か知らぬ間にそっとおいていった花、息《いき》絶《た》え絶《だ》えに枯《か》れかかっていた弱い花、日蔭《ひかげ》にしぼみかかって首をうなだれていた花、太陽《たいよう》の光のなかに生き生きと咲いていた花、私の身近《みぢか》におきすてられていた花、これらの花達《たち》を一つ一つとり上げて、むねにだきしめ頬《ほお》ずりをして一つの束にあつめて美《うつく》しい花束をつくりました。

弱っていた花達は美しく生きかえりました。或《あ》る花はその葉《は》かげにかくしていたトゲで私のゆびを刺《さ》しました。

雨風にその花びらを散《ち》らさぬ様《よう》、袖《そで》でおおって一夜をあかしたこともありました。

蝶《ちょう》や蜂《はち》にその花をみだされないようにまもりつづけた日々も思い出されます。

三十三年の年月が流《なが》れた今日、私は私の花束の美しさに目をみはりました。

そしてこの花達は、今は私の悲《かな》しみも苦《くる》しみもみんなわすれさせてくれました。

三十三年前の私と今の私と変《か》わりない昔《むかし》のままの希《き》望《ぼう》と喜《よろこ》びとをあたえてくれました。この花束の故《ゆえ》に私は今日への希望が心のなかにもえているのです。

ひろいあつめた、名もないような花達《たち》は私《わたし》の大きな喜《よろこ》びとなりました。

私は長生きしてよかったとつくづく思いました。

澤田美喜《さわだみき》さんがこの「あとがきにかえて」を書いたのは、一九八〇年四月。その翌月《よくげつ》の五月十二日に、澤田さんは旅先のスペインで亡《な》くなっています。この文章《ぶんしょう》は、澤田さんがわたしたちに書き残《のこ》してくれた、最後《さいご》のメッセージになりました。

三十三年という月日をかけて、澤田さんのつくりつづけてきた花束《はなたば》とは、なんだったのでしょうか。悲《かな》しみも苦《くる》しみもみんな忘《わす》れさせてくれる、そして、変《か》わりない昔《むかし》のままの希《き》望《ぼう》と喜びとを与《あた》えてくれる花束とは――。

わたしがこれから書こうとしているのは、国境《こっきょう》をこえ、人種《じんしゅ》のちがいをこえ、時の流《なが》れをこえて、今もなお、美《うつく》しく輝《かがや》きつづけている、ママちゃまと名もなき花たちの「家族《かぞく》の物語」です。

第一章
ママちゃまと六人の子どもたち

執務室「ママちゃまハウス」に今も残されている電話

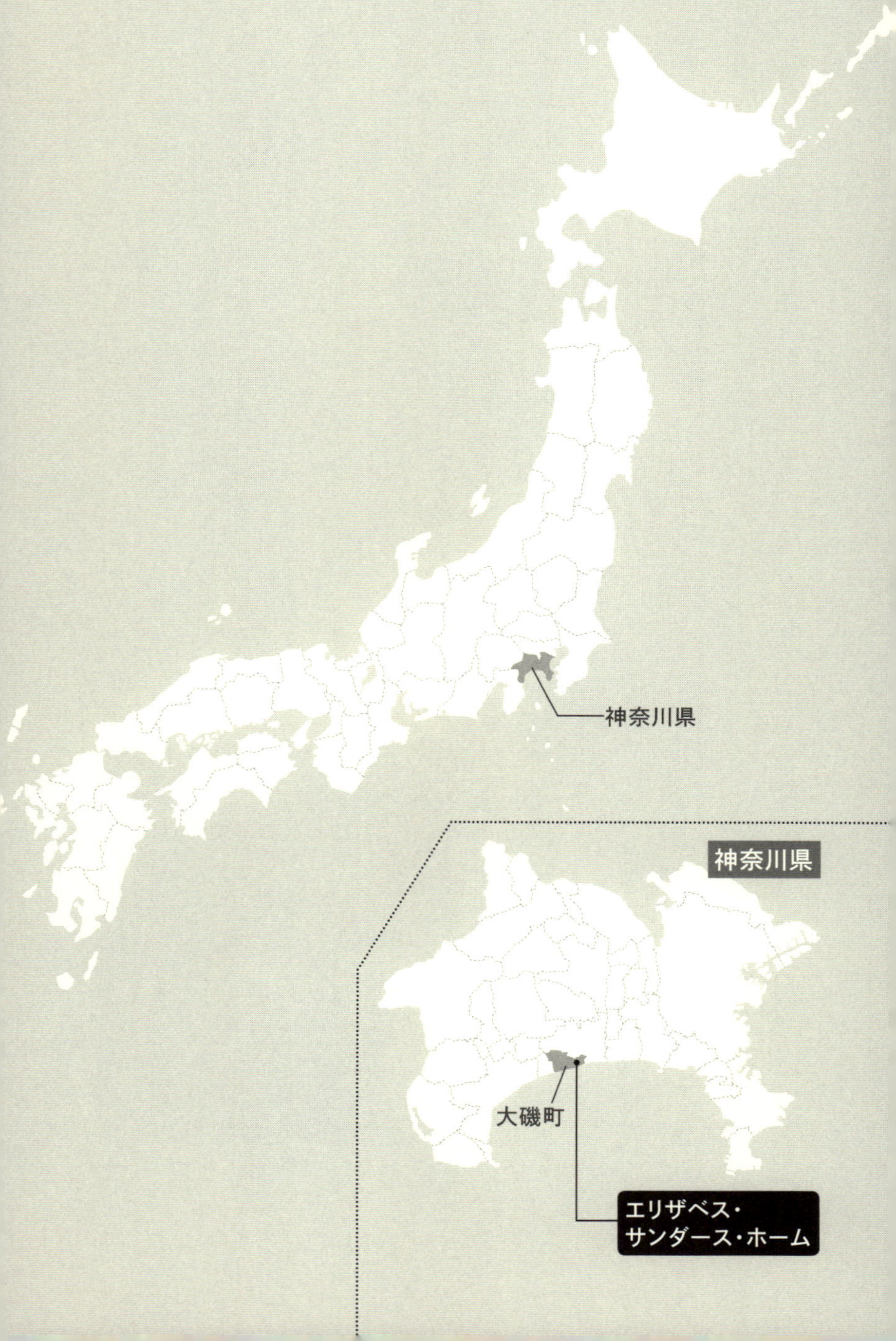
神奈川県
神奈川県
大磯町
エリザベス・
サンダース・ホーム

五回めの写真《しゃしん》さつえい

「さあ、みんな、きょうはお庭《にわ》でさつえい会よ」

ママちゃまは、六人の子どもたちに声をかけました。

「はーい」

「はーい」

「はーい」

子どもたちは外に飛《と》び出していって、前と同じ場所《ばしょ》に立ちます。

「ぼくはここ」

「あたしはここよ」

「きみはそこじゃなくて、こっち」

右から順《じゅん》に——写真《しゃしん》に写《うつ》ったときには左から順に——イクオ、道子《みちこ》、ヘレン、サミー、ジョージ、静子《しずこ》。

男の子が三人、女の子が三人。みんな十歳《さい》です。

ヘレンの背《せ》が急《きゅう》にのびて、六人のなかでいちばん、背高のっぽさんになっています。

六人は、横一列《よこいちれつ》にきちんとならんで、カメラをかまえている写真家の影山光《かげやまこう》洋《よう》さんのほうを見ています。

かわいらしいひざこぞうが十二個《こ》。

きらきら輝《かがや》くひとみも十二個。

明るい太陽《たいよう》のもと、みんなの笑顔《えがお》も明るく、ほがらかです。

ときは一九五八年（昭和《しょうわ》三十三年）。

乳児院《にゅうじいん》エリザベス・サンダース・ホームで育《そだ》った六人は、このとき、同じ敷《しき》地内《ちない》にある聖《せい》ステパノ学園小学校に通う小学生でした。


きょうのさつえい会は、六人が生まれてから、五回めです。

六人の成長《せいちょう》を写真に残《のこ》しておきたくて、ママちゃまはさつえい会をひらくことにしたのです。

一回めは、一九四八年（昭和《しょうわ》二十三年）におこなわれました。
このときの六人はみんな、赤んぼうです。
草の上にしゃがんで、なんだか不思議《ふしぎ》そうな顔をしています。
二回めは、それから三年後の一九五一年（昭和二十六年）。
このときの六人は、草の上にすっくと立っています。
季節《きせつ》は夏なのでしょう。
みんな、半そでか、そでのない洋服《ようふく》を着《き》ています。
背《せ》の高さは、だいたい同じくらい。
となりの子の肩《かた》や背中《せなか》に、手をあてている子もいます。
みんななかよしなんだなということが、とてもよくわかる写真《しゃしん》です。

三回めは、それから二年後の一九五三年（昭和二十八年）。

六人は、五歳《さい》になっています。

全員《ぜんいん》、長そでのセーターに、おそろいの長ズボン。

イクオはよそ見をしています。

女の子たちはくちびるをきりっと結《むす》んで、ちょっときんちょうしているのかな、というような表情《ひょうじょう》をしています。

四回めは、それからさらに二年後の一九五五年（昭和三十年）。

小学校に入学したばかりのころです。

このときの女の子たちは三人とも、楽しそうに笑《わら》っています。

六人の個性《こせい》と共通点《きょうつうてん》

この六人はいったい、どんな子どもたちなのでしょうか。

イクオは、楽天家《らくてんか》です。悲《かな》しいことがあって泣《な》いたとしても、腹《はら》の立つことがあって怒《おこ》ったとしても、長つづきはしません。悲しいことも腹の立つことも、すぐに忘《わす》れてしまいます。お人よしで、おっちょこちょいです。さるの顔をまねて、みんなを笑《わら》わせるのが得意《とくい》です。

道子はおとなしくて、あまり目立たない子です。成績《せいせき》も中くらいです。

ヘレンは頭がよくて、勉強《べんきょう》もよくできます。かしこくて、いやなことには、はっきり「ノー」と言《い》える子です。

サミーは、活発《かっぱつ》な子です。でも、おさないころは、そんなに元気ではありませんでした。三歳《さい》になってもふらついて、うまく立てなかったほどです。今では、木に登《のぼ》ったり、屋根に上がったり、泳いだり、もぐったり、なんでもできるようになっています。虫が大好《だいす》きで、イモムシ、カブトムシ、ゲンゴロウ、セミなどをつかまえてきては、ふとんのなかに入れたりしています。

ジョージは、あまえんぼうです。

静子《しずこ》は、勉強はあまりできないけれど、そうじをするのがじょうずです。

六人はそれぞれ、ちがった性格《せいかく》を持《も》っています。

それぞれの個性《こせい》があります。

それぞれの長所《ちょうしょ》と短所《たんしょ》があります。

でもひとつだけ、共通《きょうつう》していることがありました。

六人には、赤んぼうだったときから、「おとうさん、おかあさん」あるいは「パパ、ママ」と、呼《よ》べる人がいなかった、ということです。

楽天家《らくてんか》のイクオは、アメリカ軍《ぐん》の基地《きち》の近くにあった農家《のうか》の前に、へその緒《お》がついたままの状態《じょうたい》で、捨《す》てられていました。

おとなしい道子は、東京都千代田区《とうきょうとちよだく》の路上《ろじょう》に捨てられていた赤んぼうでした。

かしこいヘレンは、一歳《さい》になったばかりのころ、エリザベス・サンダース・

ホームにやってきました。ヘレンの父親にあたる人は、アメリカ人憲兵《けんぺい》――軍《ぐん》人《じん》を取《と》りしまる、警官《けいかん》のような仕事《しごと》をする兵士《へいし》――でしたが、日本での仕事が終《お》わると、ヘレンたちを日本に残《のこ》して、アメリカに帰《かえ》ってしまいました。ひとりでヘレンを育《そだ》てていくことができなくなった母親は、ホームにヘレンをあずけて、去《さ》っていったのです。彼女《かのじょ》がヘレンをむかえに来ることは、ありませんでした。

活発《かっぱつ》で虫が大好《だいす》きなサミーは、むらさき色の着物《きもの》にくるまれて、皇居《こうきょ》前広場に捨てられていた赤んぼうでした。

あまえんぼうのジョージは、東京都の立川《たちかわ》にあったダンスホールの片《かた》すみに捨てられて、泣《な》いていた赤んぼうでした。

そうじがじょうずな静子《しずこ》は、日本劇場《げきじょう》、通称「日劇」の小劇場の客席《きゃくせき》のいすの下に置《お》きざりにされて、すやすや眠《ねむ》っていた赤んぼうでした。

そうなのです。

六人はみんな、ひとりではとうてい生きていけない赤んぼうのときに、親から捨《す》てられたり、見はなされたりした子どもたちだったのです。

親が子どもを捨てる——。

みなさんにはとうてい、信《しん》じられないことでしょうし、信じたくもないことかもしれません。もちろん、親だって、自分の産《う》んだ子どもを捨てたりしたくなかったはずです。

けれども、父親がいなくなったこと、貧乏《びんぼう》や病気《びょうき》、まわりの人たちのつめたい目などにたえられなくて、ほかにはどうすることもできなくて、泣《な》く泣く子どもを捨ててしまう親が、当時の日本には大ぜいいたのです。

戦争孤児《せんそうこじ》と混血孤児《こんけつこじ》

当時というのは、長きにわたってつづいていた、アジア・太平洋戦争《たいへいようせんそう》が終《お》わったばかりのころのことです。

たとえば、空襲《くうしゅう》で親が死《し》んでしまったり、行方不明《ゆくえふめい》になってしまったりして、親のいなくなった子どもを、当時の人々は「戦争孤児《せんそうこじ》」と呼《よ》んでいました。

親に捨《す》てられた六人――イクオ、道子、ヘレン、サミー、ジョージ、静子《しずこ》――もまた、戦争孤児だったのです。

そして、イクオ以外の五人にはもうひとつ、共通点《きょうつうてん》がありました。

五人の父親がみんな、アメリカ人であった、ということです。

一九四五年（昭和《しょうわ》二十年）八月十五日、日本が無条件降伏《むじょうけんこうふく》——戦《たたか》いに負《ま》けた国が、敵《てき》だった国の命令《めいれい》に従《したが》うこと——をして戦争が終《お》わると、アメリカ軍《ぐん》の兵士《へいし》たちは日本に上陸《じょうりく》し、日本を占領《せんりょう》しました。

占領された日本国内には、横浜《よこはま》や横須賀《よこすか》を中心にして、さまざまなアメリカ軍の施設《しせつ》がつくられました。

施設で働《はたら》くアメリカ人スタッフの数は、六千人以上《いじょう》。

五人は、そのようなアメリカ人を父親に持《も》ち、日本人女性《じょせい》の母親から生まれ、なおかつ、両親《りょうしん》から捨てられた子どもたちだったのです。

人種《じんしゅ》、民族《みんぞく》などが異《こと》なる両親のあいだに生まれた子は「混血児《こんけつじ》」と、親から捨《す》てられた混血児《こんけつじ》は「混血孤児《こじ》」と、呼《よ》ばれていました。

つまり、道子、ヘレン、サミー、ジョージ、静子《しずこ》は、戦争《せんそう》孤児であり、混血孤児でもあったというわけです。

このような子どもたちは、肌《はだ》の色がちがう、目の色がちがう、髪《かみ》の色がちがうというだけで、同じ日本人からひどい差別《さべつ》を受《う》け、偏見《へんけん》――ゆがんでいる考え方、かたよっているものの見方――にさらされていました。

戦争《せんそう》孤児も、混血孤児も、みなさんと同じように、たったひとつの命《いのち》をさずかって、この世《よ》に生まれてきた赤んぼうたちです。

この、罪《つみ》もない、とうとい命《いのち》を、救《すく》わなくてはならない。

しっかりと守《まも》って、いつくしんでいかなくては――。

強い思いと信念《しんねん》につらぬかれて、戦争混血孤児を引きとり、保護《ほご》し、たいせつに育《そだ》て、愛《あい》をそそいだ人がいました。

それが「ママちゃま」です。

生涯《しょうがい》を通して、二千人以上もの子どもたちの母でありつづけた澤田美喜《さわだみき》さん、その人です。

成長《せいちょう》した子どもたちから「なぜ、自分は捨《す》てられたの？」とたずねられたとき、澤田さんは、こんなふうに語って聞かせました。

日本が敗戦《はいせん》の苦《くる》しみを味《あじ》わっているころ、あなた達《たち》は生まれてきたのです。日本は食糧難《しょくりょうなん》で、日本のみんながその日その日どうして食べるかと悩《なや》んでいたときでした。あなた達《たち》のお母さんは、父のない子をかかえて餓《う》えていました。これ以上《いじょう》はどうすることもできないというところまで必死《ひっし》に生きてきて、あとは二人とも餓死《がし》しなければならないところまできてしまったとき、あなた達のお母さんは自分は餓死の道をえらび、子供《こども》は生きていかれる道にそっとおいていったのです。

『母と子の絆』より

第二章
あなたの敵《てき》を愛《あい》しなさい

隠れキリシタンの資料館でもある澤田美喜記念館

男まさりの女の子

ママちゃま、こと、澤田美喜《さわだみき》さんとは、どのような人だったのでしょうか。澤田さんが、戦争混血孤児《せんそうこんけつこじ》のための養育施設《よういくしせつ》「エリザベス・サンダース・ホーム」を開くまでの道のりをたどってみましょう。

一九〇一年（明治《めいじ》三十四年）九月十九日のことです。東京都台東区《とうきょうとたいとうく》にある岩崎《いわさき》家に、元気な産声《うぶごえ》があがりました。

この子の上には三人の兄がいましたが、その三人の男の子よりも、大きな声だったそうです。

「女のお子さまです」と知らされた家族《かぞく》は、大喜《おおよろこ》びしました。岩崎《いわさき》家にとって、はじめて生まれた女の子だったからです。

この子に名前《なまえ》をつけることになっていた日、家に集まっていた人たちは、赤い着物《きもの》にくるまれた赤んぼうを見て、あっと驚《おどろ》きました。

なかには、「やっぱり男の子だったのですか」と言った人もいました。

なぜなら、この女の子の顔はまるで男の子のように勇《いさ》ましく、体もまるまると太っていたからです。

女の子は、ひいおばあさんの名前「美和《みわ》」と、おばあさんの名前「喜勢《きせ》」から、一文字ずつをもらって「美喜《みき》」と名づけられました。

二年後に妹が生まれましたが、美喜は、さいほうやままごと遊《あそ》びの好《す》きな妹よりも、兄たちといっしょに遊ぶのが好《す》きでした。男の子たちが弓道《きゅうどう》や柔道《じゅうどう》をしているときには、美喜もなかまに入って、弓を引いたり、柔道の投《な》げられ役《やく》をつとめたりしました。

男の子のように活発《かっぱつ》な女の子のことを「男まさり」と言います。おさないころの美喜はまさに、男まさりの女の子だったのです。この勇敢《ゆうかん》さ、この負《な》けずぎらいな性格《せいかく》が、のちに、多くの混血孤児《こんけつこじ》たちを救《すく》うエネルギーになっていきます。

美喜のおとうさんは、三菱財閥《みつびしざいばつ》という大きな会社を築《きず》きあげた岩崎弥太郎《やたろう》のむすこ、岩崎久弥《ひさや》という人です。

一家はお金《かね》持《も》ちで、五十人以上《いじょう》もの使用人《しようにん》が働《はたら》く、それはそれは大きな家に住《す》んでいました。けれども、家族《かぞく》の生活は、いたって質素《しっそ》でした。美喜《みき》の着物《きもの》はすべて、兄たちからのお下がりでした。

両親《りょうしん》や祖父母《そふぼ》は、美喜たちに、くりかえし言い聞かせました。どんな小さな物でもむだにしないで、たいせつにすること、それらをつくった人への感謝《かんしゃ》の気持《きも》ちを忘《わす》れないように、と。

美喜が五つか、六つのころのことです。

美喜の三人の兄たちは、家庭教師《かていきょうし》から英語《えいご》を習っていました。名前は津田梅子《つだうめこ》。

六歳《さい》のときに、日本ではじめての女子留学生《りゅうがくせい》のひとりとしてアメリカにわたり、十一年間のアメリカ生活を体験《たいけん》したのち、日本へ帰国し、女子英学塾《じょしえいがくじゅく》――現在《げんざい》の津田塾大学――を創立《そうりつ》した人です。

梅子は兄たちの英語のレッスンを終《お》えると、おさない美喜の手を引いて、岩崎家の庭《にわ》をいっしょに歩きまわりました。

歩きながら、

「空に雲《くも》が浮《う》かんでいるわね」

「あれはなんの木かしら」

「木にお花が咲《さ》いているわね」

「小鳥がやってきたわ」

と、目に見えるもの――「空」「雲《くも》」「木」「花」「小鳥」――を英語《えいご》でなんと言うのか、美喜《みき》に教えてくれました。

美喜が英単語《えいたんご》を覚《おぼ》えると、今度《こんど》は、それらのことばをつないで、英語の文章《ぶんしょう》を組み立てていく方法《ほうほう》を教えてくれたのです。

アメリカ生活の長かった梅子《うめこ》は、日本にも、アメリカと同じように、女性《じょせい》が生き生きと活躍《かつやく》する時代が来ることを望《のぞ》んでいました。また、八歳《さい》のときにはキリスト教徒《きょうと》になり、人間はみんな平等《びょうどう》である、という思想《しそう》を抱《いだ》くようになっていました。

そんな梅子との出会いが、美喜の考え方や感じ方に大きな影響《えいきょう》を与《あた》えたことは、言うまでもありません。

聖書《せいしょ》との出会い

家族《かぞく》に守《まも》られ、すくすく成長《せいちょう》した美喜は、「お茶《ちゃ》の水《みず》」と呼《よ》ばれていた東京女子高等師範学校附属幼稚園《こうとうしはんがっこうふぞくようちえん》から附属小学校へ、そして高等《こうとう》女学校へと進《すす》みました。

十五歳《さい》になる前に、美喜の人生を大きく動《うご》かすことになる、あるできごとが起《お》こります。

はしかと百日ぜきにかかって、神奈川県大磯町《かながわけんおおいそまち》にある岩崎《いわさき》家の別荘《べっそう》――のちにそこが、エリザベス・サンダース・ホームになります——で静養《せいよう》していたときのことです。

静養中、家族《かぞく》と離《はな》ればなれになってしまった美喜《みき》は、さびしくてたまりません。夜もなかなか、眠《ねむ》りにつくことができません。

眠れないまま、それでも寝《ね》たふりをして、横《よこ》になってじっとしていたある夜、となりの部屋《へや》から声が聞こえてきました。

美喜の看護《かんご》をしてくれていた、女の人の声です。

その人はいつも、美喜が眠りについたあと、自分の部屋にもどって、小説《しょうせつ》の本や雑誌《ざっし》をろうどくしていました。彼女《かのじょ》の声を聞いているうちに、だんだん眠くなってきて、寝入ってしまうこともありました。

ところがその夜は、いつもより声が大きく、文章《ぶんしょう》の内容《ないよう》も、今までに一度《いちど》も聞いたことのないものだったのです。

耳をすましていると、こんなことばが美喜《みき》の耳に飛《と》びこんできました。飛びこんでくる、というよりも、焼《や》きつくという感《かん》じでしょうか。

美喜の耳のなかで火のように燃《も》えて、そのまま残《のこ》ったことばとは、

「汝《なんじ》の敵《てき》を愛《あい》せよ」

でした。

「汝」ということばの意味《いみ》は「あなた」です。

「汝の敵を愛せよ」の意味は「あなたの敵を愛しなさい」です。

みなさんは、これがだれのことばなのか、知っていますか？

そう、イエス・キリストのことばです。

聖書《せいしょ》のなかに出てくることばです。

美喜《みき》は、聖書に興味《きょうみ》を抱《いだ》きました。

どうしても読んでみたい、聖書を手に入れたい、と。

同級生《どうきゅうせい》のひとりが聖書を持《も》っていると知った美喜は、彼女《かのじょ》にお願《ねが》いして、自分の持っていたビーズのハンドバッグとこうかんしてもらいました。

このことを知った美喜のおばあさんは、かんかんになって怒《おこ》りました。

「ああ、おまえがバテレンになったりすると、ご先祖《せんぞ》さまのお墓《はか》は、草がボウボウと生えるままになって、だれからもお参《まい》りされなくなるだろう」

そう言って、美喜から聖書を取《と》りあげると、燃やしてしまったのです。

バテレンとは「キリスト教徒《きょうと》」のこと。

美喜《みき》のおばあさんは、真言宗《しんごんしゅう》という仏教《ぶっきょう》の熱心《ねっしん》な信者《しんじゃ》だったのです。

それでも美喜はあきらめませんでした。

またおばあさんにないしょでこっそりと、聖書《せいしょ》を手に入れます。取《と》りあげても、取りあげても、美喜が学校の友だちからもらってくるので、おばあさんはとうとう美喜に、学校をやめさせてしまいました。

こうして美喜は一日じゅう、家のなかで、家庭教師《かていきょうし》と講師《こうし》から、国語、漢文《かんぶん》、和歌、英語《えいご》、日本画、油絵《あぶらえ》、習字、お茶とお花、和裁《わさい》、ミシンかけ、料理などを教わることになりました。和裁──着物《きもの》を縫《ぬ》うこと──とミシンかけと料理が、美喜は苦手《にがて》でした。

イギリスの孤児院《こじいん》を訪問《ほうもん》

二〇歳《さい》になった美喜は、外交官《がいこうかん》として活躍《かつやく》していた澤田廉三《さわだれんぞう》さんとお見合い結婚《けっこん》をしました。

廉三さんは、三十三歳。鳥取県《とっとりけん》で生まれ、東京帝国大学《とうきょうていこくだいがく》――現在《げんざい》の東京大学――で、フランスの法律《ほうりつ》などを学んだのち、試験《しけん》に合格《ごうかく》して、外務省《がいむしょう》に入り、美喜と結婚する前には、フランス大使館《たいしかん》の書記官《しょきかん》をつとめていました。

少女時代から外国での生活にあこがれていた美喜は、フランスから帰《かえ》ってきたばかりだった廉三《れんぞう》さんの仕事《しごと》や生き方に、強く心をひかれたのです。

結婚《けっこん》後、ふたりは世界各国《せかいかっこく》へわたって、そこで生活しました。アルゼンチンのブエノスアイレスをかわきりに、北京《ペキン》、ロンドン、パリ、ニューヨークへ――。

美喜《みき》はさまざまな人たちと知りあい、幅《はば》ひろい知識《ちしき》を身《み》につけ、外国の生活習慣《しゅうかん》や文化を、積極的《せっきょくてき》に学びました。この間《かん》、ふたりのあいだには、子どもが四人、生まれました。

イギリスのロンドンに滞在《たいざい》していたときに訪問《ほうもん》した孤児院《こじいん》「ドクター・バーナードス・ホーム」の清潔《せいけつ》さ、明るさ、子どもたちの希望《きぼう》と喜《よろこ》びに満《み》ちあふれ

たようすを目にした美喜《みき》は感動し、週に一度《いちど》、ボランティアとして、お手伝《てつだ》いに通うようになります。

孤児院《こじいん》というのは、親を亡《な》くした子や、なんらかの事情《じじょう》があって親といっしょに暮《く》らせなくなった子どもたちを引きとって、育《そだ》てている施設《しせつ》です。

それまでの美喜は、孤児院に対《たい》して、暗《くら》い印象《いんしょう》を抱《いだ》いていましたが、ドクター・バーナードス・ホームには、暗さもさびしさも悲惨《ひさん》さもありません。小学校、中学校、高校、教会、職業訓練《しょくぎょうくんれん》のための工場や教室まであり、社会に出て働《はたら》くために必要な知識《ちしき》や技能《ぎのう》を身《み》につけられるようになっていました。

美喜は「もしも神様《かみさま》からのお許《ゆる》しを与《あた》えていただけるなら、いつかかならず日本にも、このような施設をつくらせていただこう」と、ひそかに決意《けつい》します。

生涯《しょうがい》の親友と知りあう

フランスのパリで、美喜は、アフリカ系《けい》の女性《じょせい》ダンサーであり、人気歌手でもあったジョセフィン・ベーカーさんと知りあいます。

ベーカーさんと親しくなったきっかけは、こんなふうでした。

ある夜、美喜も参加《さんか》していたパーティ会場で、ベーカーさんがパリで暮《く》らす貧《まず》しい人たちの話をしているのを耳にして、美喜は思わず、

「私《わたし》もぜひそこへ、連《つ》れていってもらえませんか？」

と、声をかけました。

ベーカーさんは、パリでの公演《こうえん》が終《お》わるといつも、オープンカーにプレゼントの箱《はこ》や包《つつ》みを山のように積《つ》みあげて、貧《まず》しい人たちの暮《く》らす町を訪《たず》ねては、子どもたちに贈《おく》り物をしていたのです。

「まあ!」

と、ベーカーさんは驚《おどろ》きました。

今まで、何度《なんど》も、同じような話を人々に語ってきましたが、「いっしょに行きたい」と言った人は、ひとりもいなかったのです。

「あまりの貧しさにショックを受《う》けるわよ。それよりも、このパリの町のイメージを美《うつく》しいままにしておくほうがいいのではないかしら?」

美喜《みき》はうなずきませんでした。

「いいえ、私《わたし》はこの町のすべてが知りたいのです。パリの陰《かげ》の部分を知ることもたいせつだと思うのです」

それから三週間後、美喜はベーカーさんといっしょに、パリのスラム街《がい》――貧しい人たちの暮らす地域《ちいき》――を訪問《ほうもん》しました。

ひとりひとりの子どもたちを、やさしく抱《だ》きしめるベーカーさん。彼女《かのじょ》から、洋服《ようふく》、食《た》べ物《もの》、お菓子《かし》、おもちゃなどのプレゼントを受《う》けとった、子どもたちの笑顔《えがお》。

心と心の通いあう光景《こうけい》を目《ま》のあたりにして、美喜の胸《むね》は、ふるえるほどの感《かん》激《げき》でいっぱいになりました。

ところが――。

ヨーロッパでは大成功《だいせいこう》し、人気者のベーカーさんでしたが、アメリカにもどってくるたびに、激《はげ》しい人種差別《じんしゅさべつ》を受《う》けていました。

当時のアメリカにおける黒人差別《さべつ》は、とてもひどいものだったのです。バスや電車やレストランの座席《ざせき》、会社や公共施設《こうきょうしせつ》のお手洗《てあら》いまで、白人用、黒人用とに分けられていました。

ベーカーさんをむかえに行くために乗《の》った車の運転手《うんてんしゅ》が、美喜《みき》に向《む》かって、

「奥《おく》さま、黒人のベーカーをどうしてもこの車に乗せなくてはならないのでしょうか?」

と、平気で口にするほどだったのです。

その車で向かったホテルでは、アフリカ系《けい》であるという理由《りゆう》だけで「満室《まんしつ》です」と嘘《うそ》をつかれ、宿泊《しゅくはく》を断《ことわ》られてしまいます。

なんと、ニューヨーク市内にある十一軒《けん》のホテル、全部《ぜんぶ》から。

美喜は、自分のアトリエに、ベーカーさんを泊《と》めてあげることにしました。

ひと晩《ばん》じゅう泣《な》きつづけるベーカーさんのそばで、美喜は一生けんめい、彼《かの》女《じょ》をなぐさめました。

差別されるということが、どんなにつらくて、くやしくて、なさけないことなのか、美喜はその夜、まるで自分が差別されているかのように、身《み》をもって理《り》解《かい》したのです。

ふたりは一生を通して、親友でありつづけました。

このように、美喜《みき》が世界各国《せかいかっこく》でさまざまな体験《たいけん》を積《つ》みかさね、すばらしい人々と知りあっていたころ、日本は、中国大陸《たいりく》や朝鮮半島《ちょうせんはんとう》に攻《せ》めこみ、むぼうな戦争《せんそう》に向《む》かって突《つ》き進《すす》んでいました。

美喜がニューヨークから約六年ぶりに帰国《きこく》してほどなく、日本はアメリカとの戦争をはじめます。武器《ぶき》も資源《しげん》も乏《とぼ》しい日本は、東南アジアを侵略《しんりゃく》しようとして、世界《せかい》から孤立《こりつ》していきます。

国民の生活はいっそう苦《くる》しく、貧《まず》しくなり、人々は、その日その日の食料を得《え》るために、右往左往《うおうさおう》しました。だれもがおなかを空《す》かせていました。アメリカ軍《ぐん》の空襲《くうしゅう》によって家を焼《や》かれ、町を焼かれ、日本の風景《ふうけい》は、変《か》わり果《は》ててしまいました。

第三章 ふろしき包《づつ》みの重《おも》み

エリザベス・サンダース・ホームへつづくトンネル

茶色の肌《はだ》をした赤んぼう

だれにとっても長く、苦《くる》しく、つらかった戦争《せんそう》の終わった翌年《よくねん》の末《すえ》に、美喜《みき》にとって、「私《わたし》の運命《うんめい》に最後《さいご》の決断《けつだん》を下すような事件《じけん》」が起《お》こります。

そのとき美喜は、四十五歳《さい》。

ひとりで、東海道線の下りの夜行列車《れっしゃ》に乗《の》っていました。

敗戦《はいせん》後、人々の生活は混乱《こんらん》をきわめており、本数も限《かぎ》られていたので、列車はぎゅうぎゅうづめで、通路《つうろ》にまで、人がぎっしり座《すわ》りこんでいます。

美喜《みき》の向《む》かう先は、京都《きょうと》。

特攻隊《とっこうたい》——死《し》を覚悟《かくご》し、爆弾《ばくだん》を積《つ》んだ飛行機《ひこうき》で、アメリカ軍《ぐん》の戦艦《ぐんかん》に体あたり攻撃《こうげき》をくりかえしていた部隊《ぶたい》——に取《と》られていたものの、運《うん》よく死《し》をまぬかれた、二番めのむすこに会うためでした。

あっ、これは……。

列車《れっしゃ》が岐阜《ぎふ》の関ケ原《せきがはら》にさしかかったとき、網《あみ》だなから美喜の手もとに、細長い形をしたふろしき包《づつ》みが落《お》ちてきたのです。

列車が大きく揺《ゆ》れたせいだったのでしょうか。

びっくりして、美喜は、そのむらさき色のふろしき包みを網だなの上にもどしました。だれかの荷物《にもつ》が落ちてきたのだと思ったのです。

ほとんど同時に、ふたりの警官《けいかん》が列車内に踏《ふ》みこんできました。

「これはだれのだ？」

警官は、美喜がたった今、もどしたばかりのふろしき包みを指《ゆび》さしています。

「おまえのだな、あけてみろ」

ひるむこともなく、美喜はひざの上にふろしき包みを置《お》いて、結《むす》び目を解《と》きはじめました。

なんとなく、おかしなにおいがただよってきます。

これはいったい……なんなのだろう。

ふろしきのなかには、新聞紙で幾重《いくえ》にも包まれた「もの」が入っていました。

細いひもが十字にかけられています。

警官《けいかん》がナイフを取《と》り出して、ひもを切りました。

一枚、一枚、美喜《みき》は新聞紙をはがしていきました。

新聞紙は、二十枚以上《まいいじょう》はあったでしょうか。

最後《さいご》に出てきたのは、油紙《ゆし》に包《つつ》まれた「かたまり」のようなものです。

その油紙をはがしたとき、美喜の目に飛《と》びこんできたのは、つめたく、かたくなっている、はだかの赤んぼうの死体《したい》でした。

骨《ほね》と皮《かわ》だけになった赤んぼうの肌《はだ》は、濃《こ》い茶色に見えました。

美喜の胸《むね》は、今にも張《は》りさけそうになっています。

これは、アメリカ人兵士《へいし》と日本人女性《じょせい》のあいだに生まれた子だわ。

かわいそうに……。

なんて、かわいそうなことを……。

生ある者《もの》として生まれてきたのに、まるでごみのように捨《す》てられてしまうなんて。

美喜の心のなかには、悲《かな》しみとくやしさと怒《いか》りがうずまいています。

ふろしき包《づつ》みの重みは、命の重みです。

こんなに軽《かる》く、あつかわれていいはずがありません。

くちびるをきつくかみしめている美喜の耳に、警官のどなり声が聞こえてきました。

「こんなことをしやがって、よくもずうずうしくしていられるもんだ。つぎの駅《えき》で降《お》りろ、いいか！」

警官《けいかん》は、この赤んぼうを産《う》んだのは美喜《みき》で、どこかへ捨《す》てに行こうとしているのも美喜だと思いこんでしまったのです。

まわりに座《すわ》っている人たちも、美喜をにらみつけています。

みんな、気味《きみ》の悪《わる》いものでも見るような目つきをしていますが、ひとりだけ、すみっこのほうに座っていた老人《ろうじん》が、美喜を助《たす》けてくれました。

「そのふろしき包《づつ》みをそこへ置《お》いたのは、この人ではありません。沼津《ぬまづ》から乗《の》りこんで、名古屋《なごや》で降《お》りた女の子が、むらさき色の包みを持《も》っていたのを覚《おぼ》えていますす」

老人の証言《しょうげん》によって、美喜に対《たい》する疑《うたが》いは晴れました。

そのとき、美喜《みき》の耳に聞こえてきた、静《しず》かな声がありました。

神様《かみさま》の声です。

——もしおまえが、たとえいっときでもこの子の母とされたのなら、なぜ、日本国中の、こうした子どもたちのために、その母になってやれないのか。

京都《きょうと》への旅《たび》から東京へもどってきた美喜は、寝《ね》ることも食べることも忘《わす》れるほど深《ふか》く、神様の声について考えつづけました。

日本国中の戦争混血孤児《せんそうこんけつこじ》たちの母になる、ということは、命《いのち》ある小さき者《もの》たちのためにこの身《み》を捧《ささ》げる、ということ。いったん引き受《う》けたら、一歩もあとには引けない。それが自分にできるのか。

十日あまり、考えに考えた末《すえ》に、美喜は決心《けっしん》しました。

五千通の手紙

捨《す》てられた子どもたちの母になろう。

捨てられた子どもたちを育《そだ》てるための施設《しせつ》をつくろう。

かつてロンドンの孤児院《こじいん》を訪《たず》ねたとき、そして、親友のジョセフィン・ベーカーさんの献身的《けんしんてき》なすがたを目にしたとき、ひそかに決意《けつい》していたことを、今こそ、実行《じっこう》に移《うつ》すときがやってきました。

美喜はまず、夫の廉三《れんぞう》さんに相談《そうだん》しました。

「私《わたし》は四人の子どもを育《そだ》てあげ、それぞれに独立《どくりつ》させました。あの子たちはもう、私がいなくても生活ができますし、家族《かぞく》をやしなうこともできます。私は母としての務《つと》めを終《お》えたのです。これからは、親に捨《す》てられた混血児《こんけつじ》のために、働《はたら》きたいと思います。どうか理解《りかい》してください」

廉三《れんぞう》さんは大きくうなずきました。それまでの結婚《けっこん》生活のなかで、廉三さんは、美喜《みき》の意志《いし》の強さ、志《こころざし》の深《ふか》さを、だれよりもよく理解していましたし、尊敬《そんけい》の気持《きも》ちを抱《いだ》いてもいました。これから美喜のやろうとしていることを、陰《かげ》になり、ひなたになって、ささえていこうと心に決《き》めました。

それから、美喜はおとうさんにも相談《そうだん》しました。

「日本のあちこちで、混血の赤んぼうたちが捨《す》てられています。私はそのような子どもたちの母になってあげたいのです」

美喜の話を聞きながら、おとうさんは目をまっ赤にして、涙《なみだ》ぐんでいました。

おとうさんも、美喜を「できるかぎり応援《おうえん》する」と言ってくれました。

つぎに考えなくてはならないのは、場所《ばしょ》です。

子どもたちが安心して暮《く》らせる家が必要《ひつよう》です。

「神奈川県《かながわけん》の大磯《おおいそ》にある別荘《べっそう》を、混血孤児《こじ》たちのための施設《しせつ》として使《つか》わせてください」

そう申《もう》し出た美喜に、おとうさんは言いました。

「残念《ざんねん》ながらあの家は、財産税《ざいさんぜい》として、日本政府《せいふ》に納《おさ》めてしまった。買いもどすためには、四百万円ほどかかるだろう」

当時の四百万円は、今の四百万円よりも、何倍《ばい》もの大金です。

四百万円を集めるために、いったいどれほどの時間がかかるのでしょうか。

しかし、困難《こんなん》にぶつかると、美喜《みき》にはりりんりんと勇気《ゆうき》がわいてきます。

柔道《じゅうどう》で、兄に投《な》げられても、そのたびに立ちあがって向《む》かっていく「男まさりの女の子」は、四十代《だい》になった今も、美喜の体のなかに存在《そんざい》していたのです。

毎日、毎日、美喜は手紙を書きました。

募金《ぼきん》をお願《ねが》いする手紙です。国内、国外、もちろんアメリカへも。

なかなかお金は集まりません。

それでも美喜はあきらめません。

半年ほどのあいだに、出した手紙は、五千通。

集まったお金は、約五百四十万円。

こうして美喜は、大磯《おおいそ》にある別荘《べっそう》を、親に捨《す》てられた子どもたちが安心《あんしん》して暮《く》らせる家として、買いもどすことに成功《せいこう》しました。

美喜は当時のことをふりかえって、著書《ちょしょ》にこう書いています。


紙くずのように置《お》きすてられる子供《こども》たち……。頭髪《とうはつ》がちぢれているから……、色が黒いから……、あるいは、青い目だから……というだけの理由《りゆう》で置《お》き去《さ》られて行く子供たちが、ホームのメンバーとして次々《つぎつぎ》と加《くわ》わっていきます。——列車《れっしゃ》の中に、駅《えき》の待合室《まちあいしつ》に、公園《こうえん》に、道ばたに置いていかれた子供たち、園内ばかりでなく大磯の町に置いていかれた子供たちだけでも二十名をこえました。
生活の道に行き暮《く》れて、子供《こども》と心中する一歩手前の母たちが、涙《なみだ》ながらに頼《たの》みにきた子供たちを、私《わたし》は一人も拒絶《きょぜつ》したことはありません。私の両《りょう》手《て》の中で、その生死《せいし》のほどを疑《うたが》われた子供すらも、私はうけ入れました。

『黒い肌《はだ》と白い心　サンダース・ホームへの道』
（以後『黒い肌と白い心』と記します）より

施設《しせつ》の名前は、いちばん最初《さいしょ》に寄付金《きふきん》を送《おく》ってくれたイギリス人女性《じょせい》、エリザベス・サンダースさんの名前をもらって「エリザベス・サンダース・ホーム」にしました。

サンダースさんは約《やく》四十年間、日本で暮《く》らしていた女性でしたが、亡《な》くなる直前に「自分の全財産《ぜんざいさん》をすべて寄付する」という遺言《ゆいごん》を残《のこ》してくれていたのです。

協力者《きょうりょくしゃ》は、ほかにもいました。

親友のジョセフィン・ベーカーさんは、アメリカからやってきて、日本国内で二十三回もの公演《こうえん》をし、得《え》ることのできたお金をすべて、ホームに寄付してくれました。

「日本を滅《ほろ》ぼした敵《てき》の国の子どもを救《すく》おうとするなんて」

「混血児《こんけつじ》なんか、生きていても、苦《くる》しむだけじゃないか」

「もと金持《かねも》ちのむすめの、ただの道楽《どうらく》だろう」

「一年もしないうちに、放《ほう》りだすに決《き》まっている」

そんなことを言う人たちもいましたが、美喜《みき》は、心ないことばを聞くたびに「負《ま》けるもんか」と、歯《は》を食いしばりました。

乳児院《にゅうじいん》エリザベス・サンダース・ホームが正式《せいしき》に認《みと》められたのは、一九四八年（昭和《しょうわ》二十三年）。

美喜はこのとき、四十六歳《さい》でした。

以後、七十八歳で亡《な》くなるまでの約三十三年間、美喜は、二千人もの孤児《こじ》の「ママちゃま」でありつづけました。このうち、混血《こんけつ》孤児は、五百六十人でした。

トンネルをくぐり抜《ぬ》けて

エリザベス・サンダース・ホームが誕生《たんじょう》してから、およそ七十年後の二〇一八年（平成三十年《へいせい》）十一月、わたし（小手鞠《こでまり》るい）は、現在《げんざい》も大磯町《おおいそまち》にあるホームを訪《たず》ねました。

上野から東海道本線に乗《の》って、一時間と少し。

大磯駅《おおいそえき》から外に出ると、そこには、東京にはなかった、のんびりした空気がただよっていました。

空も陽射《ひざ》しも風も、やさしい感《かん》じがします。

駅《えき》前の広場から、目の前にある小高い山に向《む》かって歩いていくと、バス停《てい》のすぐそばに、石づくりの門が見えてきます。

エリザベス・サンダース・ホームと、聖《せい》ステパノ学園小学校――小学校については、次の章《しょう》でくわしく書きます――の入り口です。

入り口から敷地内《しきちない》に入ると、右手には小学校の校舎《こうしゃ》がならんでいます。

左手には、トンネルがあります。

名前は「陽和洞《ようわどう》」。その名の通り、まるで洞窟《どうくつ》のようなトンネルです。

このトンネルの先に、エリザベス・サンダース・ホームがあるのです。

コンクリートでできたトンネルの長さは、百メートル以上《いじょう》。

どうして、こんなところにトンネルがあるのだろう、と、わたしは不思議《ふしぎ》に思いました。あとで入手した資料《しりょう》によれば、広大な敷地内を行き来するために、この小山にトンネルをつくる必要《ひつよう》があったのではないか、ということでした。なかはうす暗《ぐら》くて、ひんやりしていて、ちょっと不安《ふあん》な気持ちになってしまうようなトンネルです。

歩きながら、わたしは思い出していました。

このトンネルのなかにも、赤んぼうが捨《す》てられていることがあった。だから美喜《みき》は毎朝、トンネルをすみからすみまで歩いて、捨てられている子がいないかどうか、チェックしていた――。

施設《しせつ》が開設《かいせつ》されてからは、トンネルのなかだけではなくて、ホームの庭《にわ》や玄関先《げんかん》にも、赤んぼうが捨《す》てられていることがあったそうです。

しかも、何人も。

トンネルをくぐり抜《ぬ》けて、ふたたび明るい光のもとに足を踏《ふ》み出してから、うしろをふりかえって、わたしはふと、こんなことを思いました。

ここには、ママちゃまをはじめとする、心やさしい先生やお世話《せわ》をしてくれる保母《ほぼ》さん――当時の呼《よ》び名です――たちがいて、安心《あんしん》で幸《しあわ》せな「家」があり「庭《にわ》」があり、まるで「家族《かぞく》」のようななかまたちがいてくれる。もしかしたら、このトンネルは、戦争混血孤児《せんそうこんけつこじ》たちにとって、差別《さべつ》と偏見《へんけん》と憎悪《ぞうお》に満《み》ちた生きづらい外の世界《せかい》から自分たちを守《まも》ってくれる、砦《とりで》のようなものだったのではないか、と。

どこからともなく、澤田美喜《さわだみき》さんの声が聞こえてきました。

――求《もと》めたからこそ、与《あた》えられたのです。

失《うしな》ったからこそ、見いだしたのです。

悲《かな》しんだからこそ、なぐさめられたのです。

下に落《お》ちたからこそ、引き上げられたのです。

それからわたしは、澤田美喜さんがわたしたちに残《のこ》してくれたメッセージを、胸《むね》のなかでそっと、つぶやきました。

——人生は、自分の手で、どんな色にでも塗《ぬ》りかえられるものである。

第四章
祈《いの》りをもってまいた種《たね》

澤田美喜記念館の入り口につづく階段

美《うつく》しい花園

エリザベス・サンダース・ホームが誕生《たんじょう》してから、九カ月ほどが過《す》ぎました。子どもたちの数は、みるみるうちに増《ふ》えて、三十人になっていました。男の子は十七人、女の子は十三人。

このうち、路上《ろじょう》や駅《えき》や町角などに捨《す》てられていた子は、十七人です。残《のこ》りの十三人は、母親や親せきの人が「育《そだ》てられないので、あずかってほしい」と言って、ホームに連《つ》れてきた子どもたちです。

ホームでは、たったひとりの例外《れいがい》もなく、捨《す》てられた子も、見はなされた子も全員《ぜんいん》、引きとりました。

この三十人のなかには、第一章《だいいっしょう》でみなさんに紹介《しょうかい》した、六人の子どもたちもふくまれていました。のちに五枚《まい》の記念写真《きねんしゃしん》に写《うつ》ることになる、イクオ、道子、ヘレン、サミー、ジョージ、静子《しずこ》です。

ホームの庭《にわ》や玄関《げんかん》先やトンネルのなかに捨てられていた赤んぼうも多く、ある日は庭に、九人も捨てられていたことがありました。

草むらや、木の茂《しげ》みのなかから、赤んぼうの泣《な》き声が聞こえてくることもありました。

赤んぼうの数が増《ふ》えていくにつれて、美喜《みき》や保母《ほぼ》さんたちの仕事《しごと》は増えていきます。

おむつ代《だい》やミルク代がかかるため、寄付《きふ》として受《う》けとっていたお金は、どんどん減《へ》っていきます。

ホームが開設《かいせつ》されて四年後の一九五二年（昭和《しょうわ》二十七年）三月、子どもたちの数は、百十八人に達《たっ》していました。

美喜は、たいせつにしていた持《も》ち物《もの》や思い出の品《しな》などをつぎつぎに売りはらって、お金をつくりました。家のカーテンをはずして、赤んぼうのおしめにつくりかえたり、自分のコートを売って得《え》たお金で、ねぎを買ったりしたこともあります。

「ママちゃま、貧乏《びんぼう》になったね」

「このおうちにいられなくなったら、どうする？」

「あしたから、どうすればいいの？」

おさない子どもたちが不安《ふあん》そうに話しているのを聞いて、美喜《みき》の胸《むね》は痛《いた》みました。

子どもたちは、しょんぼりしている美喜を見つけると、

「ママちゃま見て、小さなお花が咲《さ》いたよ」

「ヘレンがさっき、お水をあげたの」

と、いっしょうけんめい、なぐさめてくれます。

ホームの敷地内《しきちない》には花がいっぱい植《う》えられていて、貧《まず》しくても、緑《みどり》だけは豊《ゆた》かでした。

この緑が、子どもたちのやさしい心をはぐくんでいったのでしょう。雑草《ざっそう》が生えてくると、子どもたちは朝早くから、ときには夜遅《おそ》くまで、汗《あせ》を流しながら、草むしりをしました。

ぬいてもぬいても生えてくる草の生命力《せいめいりょく》は、子どもたちの心を強く、体をたくましくしてくれたにちがいありません。

草むしりだけではありません。

子どもたちは毎日、せんたくやそうじもします。

夜中におねしょをしてしまった子は、ぬれた下着《したぎ》を自分の手であらいます。

年上の子は進んで、年下の子や赤んぼうのお世話《せわ》をします。

自分のことはきちんと自分でする。できる子はできない子のめんどうを見てあげる。子どもたちに、自立心と自信をつけさせる。

これが美喜《みき》のやり方でした。

「このホーム、とってもいいおうち」

「ここへ来ると、みんな、とても幸《しあわ》せになるの」

「ママちゃまがそばにいてくれるから」

そんなことばを耳にするたびに、美喜の心と体には「どんなことがあっても、この子たちを守《まも》り、育《そだ》ててゆこう。負《ま》けるもんか」と、あらたな勇気《ゆうき》がわいてくるのでした。

そのころのことをふりかえって、美喜はこう語っています。

ふりかえってみると、三十四年のながい年月、涙《なみだ》と祈《いの》りをもって、私《わたし》は種《たね》をまいた。幾度《いくど》か強風と嵐《あらし》にその種は洗《あら》い流《なが》されていったけれど、嵐の次《つぎ》にくる晴れた日の太陽《たいよう》のあたたかさによって、土に根《ね》を下ろし芽《め》を出したものもある。流された別《べつ》の種もまた、どこかのかたすみで、ようやく土にしがみついて花を咲《さ》かせている。

祈りをもってまいた種はいずれもその生命《せいめい》をもちつづけて風雨にたえ、目もくらむほどの色とりどりの美しい花園となった。私はその一つ一つの花が、なつかしく、いとおしく、長い長い思い出と共《とも》に痛《いた》いほど私の心をゆさぶるのである。

『母と子の絆』より

デメちゃんのつぶらなひとみ

嵐《あらし》の次にくる晴れた日の太陽のあたたかさによって、土に根を下ろし芽《め》を出した「子ども」のひとりに、デメちゃんという子がいました。

長いまつげの下に、きらきら輝《かがや》く大きなひとみ。

人なつこくて、とてもかわいらしい子です。

ほんとうの名前は「デミトリアス」でしたが、いつのころからか、みんなは「デメちゃん」と呼《よ》ぶようになりました。

ホームに連《つ》れてこられたときには、ようやく物《もの》につかまって、横《よこ》に歩けるようになったばかり。

こんなかわいいさかりのときに……。

いちばん、おかあさんが恋《こい》しいときに……。

美喜《みき》は思わず、デメちゃんをぎゅっと抱《だ》きしめました。

デメちゃんを産《う》んだおかあさんは、なんらかの理由《りゆう》があって、デメちゃんをホームにあずけることにしたのです。

あずける、といっても、あとでむかえに来るわけではありません。おとうさんがどこのだれなのかも、わかりません。

デメちゃんは、ほかの子たちと同じように、よく眠《ねむ》り、よく食べて、すくすく成長《せいちょう》していきました。

デメちゃんが四歳《さい》になったときのことです。日本で暮《く》らしている、あるアメリカ人の軍人《ぐんじん》と奥《おく》さんがホームを訪《たず》ねてきました。

そうして、子どものいないこの夫婦《ふうふ》は、デメちゃんを「われわれの養子《ようし》として、引きとらせてもらえませんか」と、養子縁組《えんぐみ》を願《ねが》い出たのです。

法律的《ほうりつてき》な手つづきをして、親子になることを「養子縁組」といいます。

養子縁組をすれば、デメちゃんには、おとうさんとおかあさんができることになります。

美喜も、保母《ほぼ》さんたちも喜《よろこ》びました。

美喜の目には、この夫婦はとても裕福《ゆうふく》で、愛情《あいじょう》にあふれた人たちのように見えました。こんな両親《りょうしん》のもとで、かわいがられて育《そだ》てば、デメちゃんはきっと、もっと幸《しあわ》せになれるはずだ、と、美喜は思いました。

けれども、デメちゃんは混血児《こんけつじ》です。

アフリカ系《けい》アメリカ人――どこのだれなのか、名前さえわからない人――と、日本人女性《じょせい》のあいだに生まれた子どもです。

そのような子を、アメリカ人夫妻《ふさい》が正式《せいしき》な養子にして、将来《しょうらい》、アメリカに連《つ》れて帰《かえ》ることなど、はたして、許《ゆる》されるのでしょうか。

あんのじょう、それは不可能《ふかのう》なことでした。

戦争《せんそう》が終《お》わってまだまもない当時、その二年前までは敵《てき》として戦《たたか》っていた国である日本で生まれ、日本国籍《こくせき》を持《も》つ混血孤児《こんけつこじ》を「アメリカ人夫妻《ふさい》の子」として認《みと》めることなど、とうていできない、と、アメリカから拒否《きょひ》されたのです。

美喜《みき》はあきらめませんでした。

外交官《がいこうかん》の妻《つま》として、世界《せかい》をかけめぐっていたころに知りあった、あるアメリカ人大使《たいし》——国を代表《だいひょう》して、外国へ派遣《はけん》される外交官のこと——のことを思い出して、その夫妻に長い手紙を書きました。

十年ほど、日本で暮《く》らしていたことのあるこの大使夫妻なら、デメちゃんの養子縁組《ようしえんぐみ》のために力を貸《か》してくれるのではないかと考えたのです。

大使は美喜の手紙を読《よ》んで、アメリカのある上院議員《じょういんぎいん》を紹介《しょうかい》してくれました。

議員もまた「なんとかしなくてはならない」と考え、議会《ぎかい》に「混血児《こんけつじ》の養子縁組を許可《きょか》してほしい」という嘆願書《たんがんしょ》を提出《ていしゅつ》してくれました。

この嘆願書はアメリカ議会で認《みと》められ、デメちゃんは晴れて、あたらしい両親《りょうしん》といっしょに、アメリカに入国できることになったのです。

その後も数十人の子どもたちが、アメリカ人夫妻の養子になって、ホームからアメリカにわたっていきました。

上院議員から届《とど》いた手紙には、こんなことが書かれていました。

「前例《ぜんれい》がないからといって放置《ほうち》しておくならば、いつまでも現状《げんじょう》のままであり、道は開《ひら》けない。私《わたし》は、いまだかつてないというその前例を、今つくりだすことに努力《どりょく》しなければならないと思っている」

小学校をつくる

ホームには、デメちゃんのように、アフリカ系《けい》アメリカ人と日本人のあいだに生まれた混血児《こんけつじ》が大ぜいいました。

彼らの肌《はだ》は、褐色《かっしょく》――黒っぽい茶色――をしています。

この肌の色のせいで、混血孤児《こんけつこじ》たちは、ホームから一歩、外に出ると「親なしっこ！」「黒んぼう！」「近よるな！」などと、多くの日本人から――大人からも子どもからも――差別《さべつ》され、いじめられ、心ないことばを投《な》げつけられていたのです。

六歳《さい》になった子どもを、ホームのすぐ近くにあった町立小学校に入学させようとした美喜《みき》に対《たい》して、日本人の親たちは、こんなことを言いました。

「黒い子とうちの子が、机《つくえ》をならべて勉強《べんきょう》するなんて、絶対《ぜったい》にいやです」

「混血児を入学させるなんて、とんでもない」

今の日本ではとうてい考えられないようなひどい人種《じんしゅ》差別が、当時は大手をふって歩いていたのです。

そのため、美喜やホームの職員《しょくいん》たちは、子どもたちを連《つ》れて外に出るときには、大変《たいへん》な苦労《くろう》をさせられました。

道を歩けば、すれちがう人はみんな、軽《けい》べつと憎《にく》しみのこもった目で、子どもたちをじろじろ見ます。列車《れっしゃ》に乗《の》ったら、車内ではもちろんのことですが、駅《えき》に停車《ていしゃ》するたびに、窓《まど》の外から、人々がめずらしそうになかをのぞきこんでは「ごらんよ、黒んぼうがいるよ。ほら、そこに」と、大声をあげます。

差別《さべつ》とは、無知《むち》から生まれるものです。

無知というのは、知識《ちしき》がないこと、何も知らないこと、知ろうとしないこと。知恵《ちえ》がないこと、おろかなこと、という意味《いみ》もあります。

世界中《せかいじゅう》にはさまざまな国があって、さまざまな人種《じんしゅ》の人たちが暮《く》らしています。

肌《はだ》の色が濃《こ》い人もいれば、うすい人もいます。

ひとみの色も、髪《かみ》の毛の色も、いろいろです。

でもみんな、同じ人間です。

しかし、当時の日本人の大半――じつはアメリカ人も――は「黒い肌の子は、自分たちと同じ人間ではない」と思いこんでいたのです。

美喜《みき》は負《ま》けませんでした。

差別や偏見《へんけん》に対して、ひるむこともありません。

この子たちを入学させてくれないなら、私《わたし》がこの子たちのために、小学校をつくってやればいい。

このようにして、一九五三年（昭和《しょうわ》二十八年）四月、聖《せい》ステパノ学園小学校は誕生《たんじょう》しました。校長先生はもちろん、美喜です。

エリザベス・サンダース・ホームで育《そだ》った子どもたちは、同じ敷地内《しきちない》にある小学校に通って、楽しくなかよく勉強《べんきょう》しました。それから六年後の一九五九年(昭和《しょうわ》三十四年)には、聖《せい》ステパノ学園中学校も創立《そうりつ》されました。

「聖ステパノ」は、戦争《せんそう》で命《いのち》を落《お》とした美喜《みき》の三番めのむすこの、キリスト教《きょう》徒《と》としての名前でした。

第五章
自由《じゆう》に のびのびと育《そだ》つ

澤田さんの蔵書を整理したのは卒業生たち

楽しい遠足と修学旅行《しゅうがくりょこう》

聖《せい》ステパノ学園小学校では、課外授業《かがいじゅぎょう》や野外での体験学習《たいけんがくしゅう》を、積極的《せっきょくてき》に取《と》りいれていました。

教室から外へ出ていって、さまざまな施設《しせつ》を見学したり、大自然《だいしぜん》のなかで動《どう》物《ぶつ》とふれあったり、植物《しょくぶつ》の観察《かんさつ》をしたりしながら、知識《ちしき》や知恵《ちえ》を身《み》につけていったのです。

江ノ島水族館《えのしますいぞくかん》、江ノ島マリンランド、パイロット万年筆《まんねんひつ》の平塚工場《ひらつかこうじょう》、湯河原《ゆがわら》でのみかん狩《が》りなどへも行きました。

なかまをたいせつにする。

みんなで助《たす》けあう。

おたがいの足《た》りないところをおぎないあう。

高学年の子は、低学年《ていがくねん》の子のめんどうを見てあげる。

「みんなでなかよく、いっしょに成長《せいちょう》していく」――これも、聖《せい》ステパノ学園小学校の大きな目標《もくひょう》でした。

大磯町《おおいそまち》と平塚市《ひらつかし》にまたがる湘南富士見平《しょうなんふじみだいら》へ遠足に出かけたとき、五年生の児《じ》童《どう》のひとりは、こんな作文を書いています（以下、引用《いんよう》はすべて、作文の一部です）。

ぼくたちは、湘南富士見平へいくことにきまって、八時二十六分のバスでいつた。そして、ダムのところについてけしきをみてたら、だれかがしたのほうで「おたまじやくしがいるよ。」といつたから、いそいで先生にいつていいかきいて、おたまじやくしをとりにいきました。そして、ちようどきれがおちてたので、おたまじやくしをきれですくいました。

『「混血児《こんけつじ》」の戦後史《せんごし》』より

このあとに「ぼく」は、おたまじゃくしを入れるための缶《かん》を、友だちに頼《たの》んで持《も》ってきてもらい、それにおたまじゃくしを入れた、と書いています。

また、六年生の児童のひとりは、岩手県《けん》にある小岩井農場《こいわいのうじょう》へ十日間、修学旅《しゅうがくりょ》行《こう》に出かけたときのできごとを「農場日記《のうじょうにっき》――小岩井《こいわい》で」というタイトルの作文に、書きつづっています。

九月二十六日
今日は、八時から三時十五分まで、畑《はたけ》で働《はたら》きました。とてもおもしろいでした。カボチャ畑で草とりをしたときに、みみずや毛虫がたくさん出て来ましたが、一生けんめいやりました。午前《ごぜん》は手でぬいたので、あまりのうりつがあがりませんでした。けれども午後からはいろいろのどうぐをつかったので、とてものうりつがあがり、すぐできました。そのあとから、リンゴもぎをやりました。

そのとき、先生と生徒《せいと》でくみました。りんごをもぐとき、しんをのこしてとるのに少しゆだんすると、しんがとれたりします。先生が枝《えだ》のままのを沢山《たくさん》とったので、ぼくは大わらいをしてしまいました。

『「混血児」の戦後史』より

みんなの笑《わら》い声が聞こえてきそうな作文ですね。

小岩井農場《こいわいのうじょう》に広がっている草原で、羊《ひつじ》たちを追《お》いかけて走っている、元気いっぱいな子どもたちの写真《しゃしん》が残されています。羊たちも、大ぜいのかわいらしい子どもたちが、とつぜん、すがたをあらわしたので、びっくりしているような表情《ひょうじょう》になっています。

みんな、ほんとうにとても、楽しそうです。

夏がやってくると、子どもたちは、ホームのすぐ近くにある海辺《うみべ》へ、海水浴《かいすいよく》に出かけました。

けれども、子どもたちのすがたを見かけた心ない人たちから、

「あの子たちを、うちの子と同じ海で、泳《およ》がせないでほしい」

「かつて敵国《てきこく》であった国の子どもらを育《そだ》てるなんて、どういうことなんだ」などと言われてしまいます。

美喜《みき》は子どもたちのために、鳥取県岩美町《とっとりけんいわみ》にあった澤田《さわだ》家の別荘《べっそう》を「臨海学《りんかい》校」として使《つか》えるようにし、熊井浜《くまいはま》という海辺で思いきり遊《あそ》べるようにしました。

岩美町の人たちはみんな親切で、混血児《こんけつじ》たちを差別《さべつ》することもなく、あたたかく迎《むか》えいれてくれたのです。

「鳥取で過《す》ごした夏は、まるで夢のようでした」

と、ホームの卒園生《そつえんせい》のひとりは語っています。

鳥取県岩美町にある中学校の生徒《せいと》たちは現在《げんざい》も、東京へ修学旅行《しゅうがくりょこう》に行ったときに、エリザベス・サンダース・ホームを訪問《ほうもん》して、親交《しんこう》をあたためつづけています。
聖《せい》ステパノ学園中学校の生徒《せいと》たちはいつも、校歌を歌って、岩美《いわみ》中学校の生徒たちを歓迎《かんげい》しています。この校歌の歌詞《かし》は、美喜《みき》が創作《そうさく》したものです。

緑の松《まつ》に白い波《なみ》
富士《ふじ》の高嶺《たかね》を　仰《あお》ぐ丘《おか》
神《かみ》のたまいし　我《わが》すまい
我《われ》らはここに　生《お》いたちぬ

（聖ステパノ学園　校歌、１番）

落第《らくだい》した「教授《きょうじゅ》」

子どもたちの自由《じゆう》な活動《かつどう》を尊重《そんちょう》する聖ステパノ学園小学校では、みんなののびのびと勉強《べんきょう》していましたが、勉強をサボったり、なまけたりして、授業《じゅぎょう》についていけなくなった子は、ようしゃなく、落第《らくだい》させられていました。

落第というのは、新年度《しんねんど》になって、上の学年に上がれない、ということです。

ここで、ふたたびイクオの登場《とうじょう》です。

第一章《だいいっしょう》で紹介《しょうかい》した六人のうちのひとり、写真《しゃしん》のなかではいちばん左に写《うつ》っていた子。そう、ひょうきんで、楽天家《らくてんか》で、そこぬけに明るいイクオです。

どんなに腹《はら》の立つことがあっても、悲《かな》しいことがあっても、美喜《みき》も保母《ほぼ》さんたちも、イクオの顔を見ると、ついにっこり笑《わら》ってしまう——イクオは天使《てんし》のような子でした。

けれども、この天使さんはどうやら、勉強《べんきょう》が大きらいだったようです。教室をぬけだして屋上にのぼってサボったり、屋上にある電線にさわろうとして叱《しか》られたり。そんなこんなで、小学三年生が終《お》わって、四年生になるとき、イクオは落第《らくだい》してしまい、もう一度《いちど》、三年生をやり直すことになりました。

自分よりも年下の子たちといっしょに勉強することになったイクオは、三年生の教室に入っていくなり、こう言いました。

「三年生にはダメな子が多いから、ぼくは先生の助手《じょしゅ》として、残《のこ》ることになったのだ。だから、みんなはぼくのことを教授《きょうじゅ》と呼《よ》びなさい」

教室のなかにいた三年生たちは、おなかをかかえて笑いました。

イクオは、さるにそっくりな顔つきをして、みんなを笑わせるのも得意《とくい》でした。

わたしの手もとに、一九五七年（昭和《しょうわ》三十二年）に撮影《さつえい》されたイクオの写真《しゃしん》が掲載《けいさい》されている文献《ぶんけん》があります。その写真のなかで、イクオは、おさるさんの人形を四体もかかえて、笑っています。

人を幸せにしてくれる笑顔です。

このあと、第《だい》七章《しょう》にもイクオは登場《とうじょう》します。

絵の得意《とくい》なヘレン

さて、今度《こんど》は、ヘレンのことを思い出してください。

ヘレンも、第一期生《だいいっきせい》の六人のひとりです。

五回めの記念《きねん》さつえいのときには、いちばんの背高《せいたか》のっぽさんになっていました。

彼女《かのじょ》は一歳《さい》を過《す》ぎたばかりのころ、若《わか》いおかあさんに抱《だ》かれて、エリザベス・サンダース・ホームにやってきました。

「ヘレン、これでやっと幸《しあわ》せになれるね」

おかあさんは、ヘレンと別《わか》れる前にそう言って、涙《なみだ》を流《なが》しました。どうしてもヘレンを自分の手で育《そだ》てることのできない、なんらかの事情《じじょう》があったのでしょう。それとも、まわりの人たちのつめたい視線《しせん》――あの子は混血《こんけつ》児《じ》だ――に負《ま》けてしまったのでしょうか。

もちろん、おさないヘレンには、そんな事情などわかりません。

それでも、いつか、おかあさんにまた会えると思っていたのでしょうか。

それとも、もうおかあさんには会えないのだと理解《りかい》していたのでしょうか。

ヘレンという名前は、ヘレンを見捨《す》ててアメリカに帰《かえ》ってしまった父親がつけた名前でした。

これとは別《べつ》に、美喜《みき》はヘレンに「光子《みつこ》」という、日本人の名前をつけました。ヘレンはこの名前が気に入っていましたが、みんなからはヘレンと呼《よ》ばれていました。

ヘレンはとても頭のいい子でした。勉強《べんきょう》もよくできました。とくに算数の成績《せいせき》が、ずばぬけて優秀《ゆうしゅう》で、むずかしい応用問題《おうようもんだい》もすらすら解《と》くことができました。

絵をかくのも得意《とくい》でした。

美喜はヘレンの絵について「色が美《うつく》しく、多感《たかん》な夢《ゆめ》を感じさせるものであった」と語っています。

ヘレンにかぎらず、子どもたちの才能《さいのう》や特技《とくぎ》などを発見《はっけん》するたびに、美喜は一流《いちりゅう》の先生を見つけてきて、子どもたちの指導《しどう》にあたってもらうようにしていました。

ヘレンが小学六年生のときのことです。神奈川県《かながわけん》内でおこなわれた、児童展覧会《じどうてんらんかい》に出したヘレンの絵が「知事賞《ちじしょう》」を受賞《じゅしょう》しました。

アメリカ兵《へい》に見捨《す》てられた混血孤児《こんけつこじ》が施設《しせつ》で育《そだ》ち、すばらしい絵をかいて、賞を取った——。

このニュースは日本国内のみならず、アメリカの新聞にものりました。

そして、この記事《きじ》を目にした、あるアメリカ人夫妻《ふさい》が、ヘレンを養子《ようし》として迎《むか》えたい、アメリカで自分たちのむすめとして育《そだ》てたいと、願《ねが》い出てきたのです。

アメリカ東海岸《ひがしかいがん》にある、フィラデルフィアという町に住《す》んでいる、数学者と芸術家《げいじゅつか》の夫婦《ふうふ》でした。

こんないい話はない、と、美喜《みき》も先生たちも大喜《おおよろこ》びしました。

けれども、ヘレンの胸《むね》は不安《ふあん》でいっぱいでした。

なぜならヘレンは、英語《えいご》がひとことも話せなかったからです。

羽田空港《はねだくうこう》で、美喜たちと別《わか》れるとき、

「ママちゃま、行きたくない」

と、ヘレンは泣《な》きました。

どんなになだめられても、泣きやみません。

「だいじょうぶよ、アメリカのパパとママがきっとヘレンを守《まも》ってくれるから。幸《しあわ》せになるのよ、今度《こんど》こそ」

泣く泣く美喜たちと別《わか》れ、アメリカにわたったヘレンを待《ま》っていたのは、ホームのみんなの想像《そうぞう》をはるかにこえるような苦労《くろう》でした。

右も左もわからないアメリカで、ヘレンは苦労に苦労を重ねました。

数学者のおとうさんと、芸術家のおかあさんは、ヘレンの才能《さいのう》をもっとのばしてやりたいと考えて、ヘレンに、英語だけではなくて、フランス語とドイツ語も勉強《べんきょう》させようとしたのです。

あまりにも負担《ふたん》が大きくて、ヘレンはとうとう心の病気《びょうき》にかかって、病院《びょういん》に入院してしまいました。

それでもヘレンは負《ま》けませんでした。ママちゃまから受《う》けついだ勇《ゆう》かんな心と、ママちゃまから受けとった愛《あい》の力で、人生を切《き》りひらいていったのです。

やがて、ヘレンが愛する人——入院《にゅういん》していた病院《びょういん》で知りあった青年——と結《けっ》婚《こん》し、ロンドンで家庭《かてい》を持《も》ったと知った美喜《みき》は、ヘレン一家に会うためにロンドンを訪《おとず》れました。

ヘレンには、かわいらしいふたりのむすめもできていました。

名前は、マヤとアンシャ。

美喜にとっては「まごむすめ」です。「まるでヘレンのおさないころを思い出させるようなかわいい子たちだった」と、美喜は語っています。

やさしく、かしこいおかあさんになっていたヘレンは、美喜に会ったとき、こう言ったそうです。

「わたしのことは、光子と呼《よ》んで」

ママちゃまがつけてくれた日本人としての名前を、ヘレンはかたときも、忘《わす》れていなかったのです。

第六章
七つの海をこえて

澤田美喜記念館から見える大磯町の空と海

メリーおばさん

ヘレンがまだ子どもだったころのできごとです。

「ママちゃま、たいへん！」

ひとりの児童《じどう》が教室を飛《と》び出して、美喜《みき》の執務室《しつむしつ》――校長として、施設《しせつ》長として、さまざまな仕事《しごと》をしている部屋――へやってきました。

「どうしたの？」

「ヘレンとメリーが、またけんかをしてるの」

「まあ、それはたいへん。すぐ行くわ」

ヘレンとメリーが口げんかをはじめると、担任《たんにん》の先生にも止めることができないほど、激《はげ》しい言い争《あらそ》いになっていくのです。

怒《おこ》ったメリーが、火のついたガスストーブを蹴《け》とばしてしまい、教室の床《ゆか》が焼《や》けたこともあります。

メリーは、聖《せい》ステパノ学園小学校の、ヘレンと同じ教室で勉強《べんきょう》していた女の子のひとりです。

性格《せいかく》は負《ま》けずぎらい。

思ったことをなんでもずばずば口にします。

そのせいで、ヘレンとメリーはしょっちゅう、口げんかをしてしまうのです。

メリーは三歳《さい》半のときに、おかあさんに連《つ》れられて、エリザベス・サンダース・ホームにやってきました。

まだ一歳のおさない妹といっしょでした。

姉妹の父親は、アフリカ系《けい》アメリカ人の兵士《へいし》。

おかあさんは涙《なみだ》も見せず、さっぱりした表情《ひょうじょう》で、ふたりを美喜《みき》にあずけて去っていきました。

メリーと妹も、立ち去《さ》る母のあとを追《お》うこともなく、泣《な》くこともありませんでした。

「さあ、いらっしゃい」

美喜《みき》はまず、ふたりの長い髪《かみ》の毛を櫛《くし》でとこうとしました。

でも、なかなかとけません。髪の毛はもつれあい、からみあっています。

長いあいだ、お風呂《ふろ》に入れてもらっていなかったのでしょうか。

なんと、ふたりの髪の毛のなかには、しらみ――髪の毛のなかで生まれて、人の血《ち》を吸《す》いながら生きる虫――までいたのです。

「これは、たいへん！　だれか、はさみを持《も》ってきて」

美喜はただちに、ふたりの髪の毛を短《みじか》くカットし、しらみ退治《たいじ》をしました。

それからふたりをお風呂に入れて、ていねいに体を洗《あら》ってあげました。

まるで生まれ変《か》わったかのように、ふたりはかわいらしく、愛《あい》らしくなりました。

姉妹には、戸籍《こせき》——生まれた年月日、名前《なまえ》などが記された書類《しょるい》——がなかったので、美喜は新しい戸籍をつくるために、ふたりに名前をつけることにしました。

「七つの海をこえて、大きな幸《しあわ》せをつかむように」

そんな願《ねが》いをこめて、姉には「七海明理《ななみめり》」と、妹には「七海留理《ななみるり》」と名づけたのです。

メリーとルリは、なかまたちにとけこんで、すくすく成長《せいちょう》しました。

気が強くて、負《ま》けずぎらいのメリーは、すぐに、みんなのリーダーになりました。

「あたしのことは、メリーおばさんって呼《よ》んでね」

おさない子どもたちにとって、メリーは、頼《たよ》りになるおねえさんみたいな存《そん》在《ざい》になったのです。

やがて、妹のルリは、あるアメリカ人夫婦《ふうふ》の養子《ようし》になって、海をこえていきました。

ちょうどそのころ、同級生《どうきゅうせい》のヘレンもアメリカへ。

「メリーは、アメリカに行きたくないの？」

美喜《みき》がそうたずねると、メリーは、

「いやーっ！」

と、首をふりながら、大声でさけびました。

メリーは、日本が大好《だいす》きでした。

日本は自分の生まれ育《そだ》った国です。

メリーはアメリカではなくて日本で、日本人として、生きていきたいと思っていたのです。

死《し》んだら「日本の土になりたい」と願《ねが》うほどに。

けれども、愛《あい》する日本と日本人が、そのことを認《みと》めてくれません。

どんなに悲《かな》しかったことでしょう。

大人になってから、メリーは美喜にあてて、こんな手紙を書いています。


人はみんなじろじろと私《わたし》を見る。それは私が黒いからだ。そっとしておいてもらいたいのに。私《わたし》は日本人として、日本の国籍《こくせき》を持《も》っているのに。私は黒いために、愛情《あいじょう》も捨《す》て恋《こい》も失《うしな》ってしまった。お互《たが》いに愛《あい》しあっていたのに、あたりが許《ゆる》してくれなかった。黒いから。黒いから。私は自分を生んだ母を許さない。すべての不幸《ふこう》はそこから生まれるのだ。

『「混血児」の戦後史』より

メリーのくやしさ、悲《かな》しさ、自分を捨てた母に対《たい》する憎《にく》しみが、ほとばしっているような手紙です。

けれども、憎しみからは、いいものは何も生まれません。いつまでたっても、不幸なままです。

美喜《みき》は、怒《いか》りの感情《かんじょう》をあらわにするメリーに対してはきびしく、きびしいがゆえに、ほんとうにやさしいと言えるまなざしをそそいでいました。メリーの性格《せいかく》のよいところを、美喜はたくさん知っていました。教室でヘレンとけんかをして、暴《あば》れまわったあと、ぽつんと小さな声で「ごめんなさい」とあやまるメリーを、美喜は愛していました。メリーだけではなくて、子どもたちみんなに、美喜がいつもくりかえし、言って聞かせていたことがあります。

「苦《くる》しみに対して、正面《しょうめん》から、立ちむかっていきなさい。背中《せなか》を見せて苦しみから逃《に》げたなら、その苦しみは、どこまでも追《お》いかけてくるのよ」

強くなりなさい、と、美喜は子どもたちに教えたのです。

そしてもうひとつ。ホームにいるあいだは、どんなことをしてでも、自分たちが子どもたちを守《まも》ってあげられる。けれども、いったん成長《せいちょう》して、ホームから外へ出ていったら、子どもたちはもう「子どもたち」のままではいられない、と、美喜《みき》は考えていました。

ホームを出たあと、一人前の大人として生きていくために、何よりも必要《ひつよう》なことは、

「他人から愛《あい》されることよ。だれからも喜《よろこ》ばれるような存在《そんざい》になること。そのためには、毎日の生活のなかでひとつひとつ、出会うことをたいせつにして、人のために尽《つ》くし、人を喜ばせること、人に迷惑《めいわく》をかけないようにすることを、つねに忘《わす》れてはいけないの。人をたいせつに、命《いのち》をたいせつに」――。

つまり、強さのほかに必要《ひつよう》なのは、人や命に対《たい》する愛であり、人から「愛されること」であると、美喜は子どもたちに教えたのでした。

「黒い肌《はだ》を持《も》って生まれ、メリーと同じ事実《じじつ》に直面《ちょくめん》して、しかも、メリーと同じかそれ以上《いじょう》に苦《くる》しみ、それを見事に乗《の》り越《こ》えてきた人たちがいます。日本人のなかで、日本人の顔をしている人以上《いじょう》に、愛され、ほめられ、喜ばれている人たちがいます」

美喜はメリーにも、憎《にく》しみから解放《かいほう》されて、そんな人になってほしい、と、心の底《そこ》から願《ねが》っていたのです。

マイクのパパ

エリザベス・サンダース・ホームを設立《せつりつ》したあと、美喜《みき》は積極的《せっきょくてき》に海をわたって、アメリカへ行きました。

アメリカで講演《こうえん》をして、寄付金《きふきん》を集めるためです。

毎年、九月から三カ月ほどかけて、アメリカじゅうをまわりました。

講演は一日に二回か三回。テレビやラジオにも出演《しゅつえん》し、終《お》わったらすぐにつぎの町へ飛行機《ひこうき》で飛《と》ぶ。休むひまもない旅《たび》です。

ある年のアメリカ旅行のとちゅうで、美喜はある場所《ばしょ》に立ちよりました。美喜のスーツケースのなかには、ホームで暮《く》らしている、マイクという名の男の子の写真《しゃしん》が入っています。

色とりどりの落《お》ち葉《ば》が舞《ま》う道を、美喜を乗《の》せた車は、すべるように進《すす》んでいきます。

「さあ、着《つ》きましたよ、ここです」

目の前には、高い鉄格子《てつごうし》の塀《へい》にかこまれた、ガラス張《ば》りの建物《たてもの》がそびえていました。

ガラス窓《まど》から、太陽《たいよう》の光がさんさんと降《ふ》りそそぐ、白く明るい建物。七階《かい》建《だ》ての巨大《きょだい》な建物のすべての窓に、鉄格子が二重に、はまっています。

そこは、刑務所《けいむしょ》でした。

美喜《みき》は、看守《かんしゅ》――刑務所で働《はたら》いている人――のあとからついて、歩いていきました。

長いろうかには、いくつもの曲《ま》がり角があり、いくつものドアがありました。

看守がドアをあけるたびに「ガチャリ」と、非情《ひじょう》な音が響《ひび》きます。

やっとたどりついた最後《さいご》の部屋《へや》が、面会室《めんかいしつ》でした。

美喜が面会室に入ると同時に、うしろのドアのかぎが「ガチャリ」と、かけられました。

ほどなく、ひとりの男性《だんせい》がすがたをあらわしました。

水色の囚人服《しゅうじんふく》を着《き》ています。

美喜があずかって育《そだ》てている、マイクのおとうさんです。

「六つになっていると思います。ぼくのむすこのマイクは、どんなふうに育《そだ》っていますか？」

美喜は、かばんのなかからマイクの写真《しゃしん》を取《と》り出して、彼《かれ》に見せました。

「あの子は、パパがここにいるということを、知ってくれているだろうか。いや、今のこのパパのことは、忘《わす》れたほうがいいに決まっています」

マイクのおとうさんは、マイクのおかあさんにあたる人と結婚《けっこん》して、いっしょに暮《く》らそうと思い、家まで建《た》てていたのですが、同じ部隊《ぶたい》の兵士《へいし》とけんかをして、犯罪《はんざい》を犯《おか》してしまったのです。

彼はアメリカに送《おく》りかえされ、刑務所に入れられました。

そのあとで、マイクが生まれたのです。

マイクのパパは、犯罪者《はんざいしゃ》です。

けれども美喜《みき》の知るかぎり、わが子を見捨《す》てなかった、ただひとりの父親でした。刑務所に入ってからも、彼《かれ》は、刑務所の重労働《じゅうろうどう》で得《え》たお金をマイクに送《おく》りつづけていたのです。マイクのおかあさんには、七年にわたって週に一度《いちど》、手紙を書きつづけてきました。

ガラスの仕切《しき》りの向《む》こうで、顔をおおって泣《な》いているマイクのパパに、美喜は語りかけました。

「ホームをはじめてこの五年のあいだに、私《わたし》たちは、二百四十七人の子どもたちを育《そだ》ててきましたが、そのなかで、たったひとり、あなただけが、父親としての責任《せきにん》を取《と》ろうとされた方なのです。そして、マイクの母親に対《たい》しても、愛情《あいじょう》を持《も》ちつづけている、たったひとりの夫《おっと》です。私はそれに心を動かされて、ここまで来たのです。希望《きぼう》を捨《す》てないでください。海を隔《へだ》てた愛情と多くの感動《かんどう》によって、この鉄《てつ》の扉《とびら》が開くときが、かならず来るでしょう」

第七章

サントス丸の出航《しゅっこう》

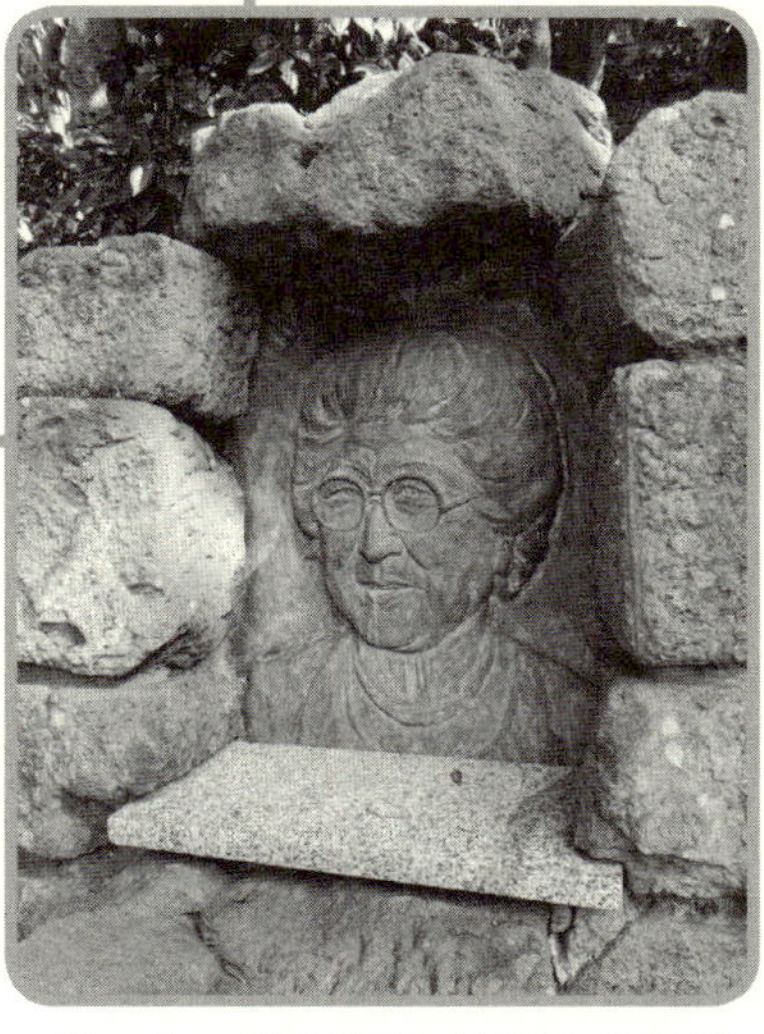

愛の人、澤田美喜（1901-1980）

サントス丸の航路

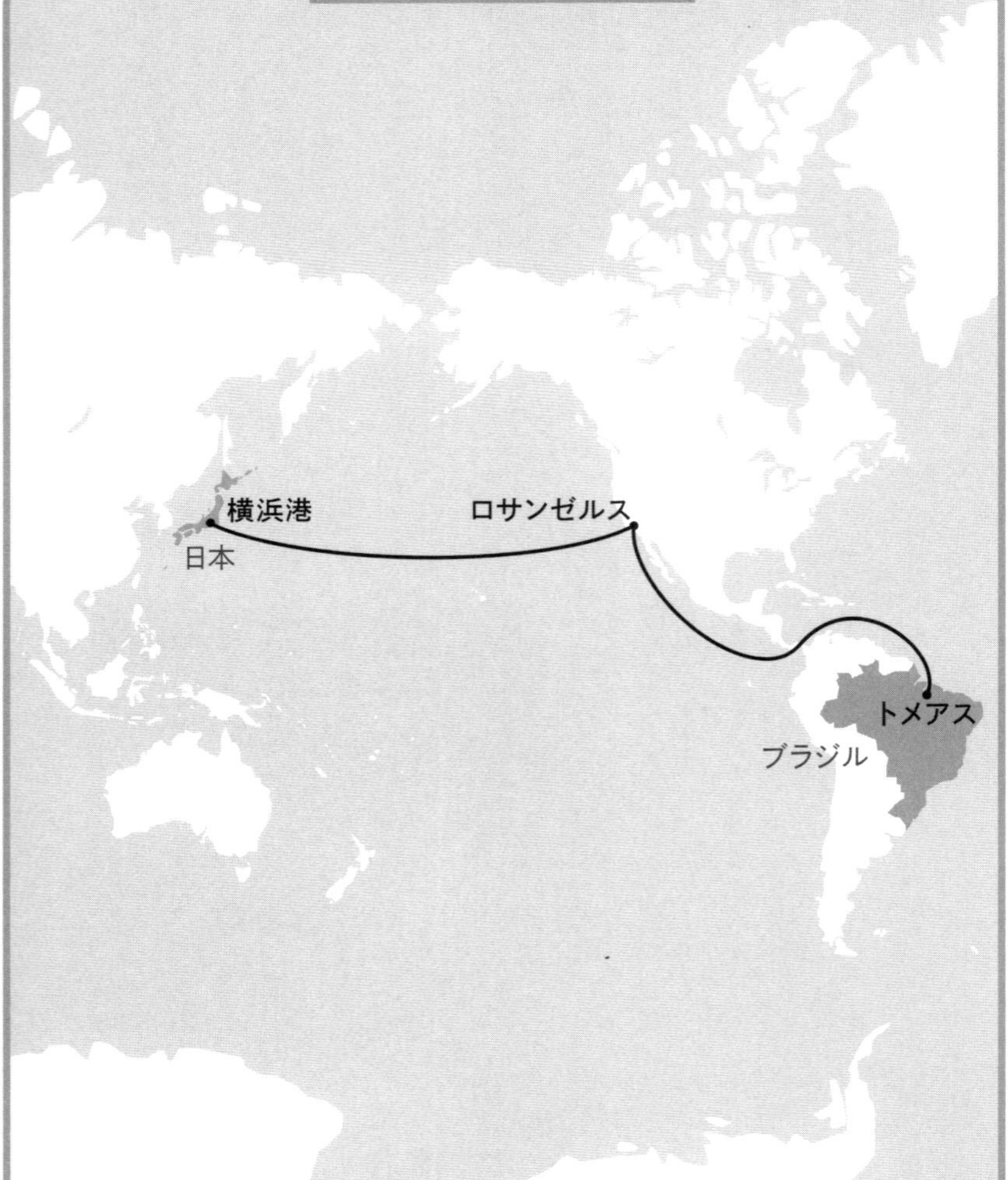

ブラジルをめざして

「行ってらっしゃーい！」

「体に気をつけてねー」

「元気でねー」

「がんばってねー」

時は一九六五年（昭和《しょうわ》四十年）七月二日。

横浜港《よこはまこう》の船着《ふなつ》き場《ば》で、見送《みおく》りに来た人たちの声が重《かさ》なりあっています。

船上から投《な》げられたテープを、手にしている人もいます。

サントス丸という名前の船のデッキにならんで立って、親しい人たちとの別《わか》れを惜《お》しんでいるのは、美喜《みき》と六人の子どもたち。

いいえ、もう、子どもたちではありません。

みんな、白いシャツにネクタイをしめています。

エリザベス・サンダース・ホームで育《そだ》った六人の子どもたちはみんな、十八歳《さい》のりっぱな青年になっています。

六人のなかには、楽天家《らくてんか》で、さるのまねをするのが得意《とくい》だったイクオもふくまれています。

イクオは、こぼれんばかりの笑顔《えがお》です。

彼《かれ》らは、聖《せい》ステパノ学園中学校を卒業《そつぎょう》したあと、三年にわたって、ポルトガル語――ブラジルで使《つか》われていることばです――を勉強《べんきょう》し、その後、北海道の農場《のうじょう》や名古屋《なごや》にある会社で、さまざまな訓練《くんれん》を受《う》けてきました。とてもきびしい訓練《くんれん》でしたが、最後《さいご》までやりとげた六人は、これから、サントス丸に乗《の》って、ブラジルにある「聖《せい》ステパノ農場」へ向《む》かっていくところなのです。

みなさんは、ブラジルが地球《ちきゅう》のどこにあるか、知っていますね？地球儀《ちきゅうぎ》をまわすと、日本のちょうど反対側《はんたいがわ》に、北アメリカ大陸《たいりく》があります。ブラジルはその下のほう、南アメリカ大陸にある国のひとつです。面積は、日本の約二十二・五倍もある広い国です。

明治時代以降《めいじじだいいこう》、日本から多くの人たちが移民《いみん》として、わたっていきました。

それにしても、遠いですね。

長い船旅《ふなたび》になりそうです。

横浜港《よこはまこう》を出たサントス丸が、ブラジルのベレンという港《みなと》に着《つ》いたのは、八月五日のことでした。

ベレンは、アマゾン川の河口《かこう》にある町です。

みんなはそこから別《べつ》の船に乗り、一昼夜をかけてアマゾン川の支流《しりゅう》をさかのぼり、トメアスという土地へ向《む》かいました。

トメアスからはトラックに揺《ゆ》られて二時間あまり。そこに、美喜《みき》の築《きず》いた聖《せい》ステパノ農場があるのです。

楽園を築く

エリザベス・サンダース・ホームから聖ステパノ学園小学校へ、そして、聖ステパノ学園中学校へと進み、中学校を卒業《そつぎょう》したあと、生徒《せいと》たちは当然《とうぜん》のことながら、社会に出て働《はたら》き、自立した生活を築《きず》いていかなくてはなりません。

もちろん、自分の力で人生を切りひらいていく子もたくさんいました。

アメリカへわたって、そこで成功《せいこう》する子もいました。

けれども当時、日本でもアメリカでも、子どもたちの目の前には「人種差《じんしゅさ》別《べつ》」というぶあつい壁《かべ》が立ちはだかっていたのです。

この仕事《しごと》をはじめてから、私《わたし》が一番つらかったことは、この子供《こども》たちを連《つ》れて外に出るときでした。道を歩けば、なんと多くの好奇心《こうきしん》にみちた目、悪意《あくい》にみちた目、目、目に会ったことでしょう。汽車《きしゃ》に乗《の》れば止まる駅ごとに、窓《まど》の外には鈴《すず》なりの人の顔、顔、顔。修学旅行《しゅうがくりょこう》で奈良《なら》に行けば、素人《しろうと》カメラマンにとりまかれ、なにも見ることもできず、泣《な》き出しそうな子供たちの顔をみて、私も泣き出しそうになったことがありました。

『黒い肌と白い心』より

子どもたちが安心《あんしん》して暮《く》らすことのできる国、社会人になってからも、人目《ひとめ》を気にせず、のびのびと、思うぞんぶん働《はたら》くことのできる国はないか、と、美喜《みき》はつねに考えつづけてきました。

「だれからもなんにも言われない国、いやな、見つめる目のない国、そして、大手をふって歩ける国」——美喜のことばです——をさがし求《もと》めるようになっていたのです。

そんなある日、美喜の記憶《きおく》のなかから浮《う》かびあがってきたのは、ブラジルでした。

外交官《がいこうかん》だった廉三《れんぞう》さんと結婚《けっこん》して、二年あまり、アルゼンチンで暮らしていたころ、三回ほど、ブラジルへ立ちよったことがあったのです。

赤道をまたいでいる広い国です。
美《うつく》しい大自然《だいしぜん》。太陽《たいよう》の光を浴《あ》びて、咲《さ》きみだれる花々。飛《と》びかう小鳥たち。
青々とした海。開放的《かいほうてき》な空気。
日本からの移民《いみん》も多く暮《く》らしています。
美喜《みき》の目に映《うつ》ったブラジルとは「混血《こんけつ》の天国です。人種差別《じんしゅさべつ》はありません。
そして、広い無人《むじん》の土地が、開拓《かいたく》の手を待《ま》っています」――。

ブラジルに、子どもたちの楽園《らくえん》をつくろう。
いいことを思いついたら、すぐにそれを実行《じっこう》に移《うつ》すのが、美喜の性格《せいかく》です。
言いかえると「あとでやるなんて、許《ゆる》せない」のが美喜という人なのです。

夫《おっと》とともに、はじめてブラジルに行った年から数えると、ちょうど三十二年目にあたる一九五四年（昭和《しょうわ》二十九年）、美喜はブラジルへと向《む》かいました。

日本からブラジルに移住《いじゅう》した、日本人開拓民《かいたくみん》たちの築《きず》いた入植地《にゅうしょくち》、二十四カ所を見てまわり、原始林《げんしりん》を自分の足で歩いて、理想《りそう》の土地をさがしました。

原始林というのは、人の手が入っていない、自然《しぜん》のままの深《ふか》い林です。

そこを切《き》りひらいて、農業《のうぎょう》のできる土地に変《か》え、作物《さくもつ》を植《う》え、育《そだ》て、収穫《しゅうかく》する。このような農場を、成長《せいちょう》した子どもたちのための仕事場《しごとば》として用意《ようい》してやりたい、と、美喜は考えたのです。

こうして数年後、美喜は、トメアス第二植民地《だいにしょくみんち》のなかに土地を見つけ、その後そこに「聖《せい》ステパノ農場」を築《きず》きあげました。

マンマン・ジョージ

横浜港《よこはまこう》を出たサントス丸に乗《の》っていた六人のなかに、ジョージという名の青年がいました（第一章《だいいっしょう》に出ていたジョージとは別《べつ》の人です）。

ブラジルをめざして進《すす》んでいく船のなかで、美喜《みき》は、ジョージがまだおさない赤んぼうだったころのことをなつかしく思い出しています。

ジョージがホームにやってきたのは、十数年以上《いじょう》も前の、ある秋の日のことでした。

「置《お》き捨《す》てられた子がいるので、引きとってもらえないだろうか」

アメリカ軍《ぐん》で仕事《しごと》をしている牧師《ぼくし》からの電話を受《う》けて、美喜がむかえに行くと、まるまると太った、まぶしいほど明るい金髪《きんぱつ》の男の子が、よだれだらけの顔をほころばせて、にこにこ笑《わら》っていました。一時的《いちじてき》にあずかってくれていたおばさんに、たいそうかわいがられていたようでした。

病院《びょういん》での健康診断《けんこうしんだん》をすませて東京駅《えき》へ向《む》かい、そこから、大磯町《おおいそまち》まで連《つ》れて帰るために、列車《れっしゃ》に乗《の》っていたときのことです。

ひるねから目を覚《さ》ましたジョージが、まわりに知らない人ばかりがいることに気づいて、不安《ふあん》のあまり、泣《な》き出してしまったのです。

あやしても、おせんべいをあげても、泣きやみません。

「よし、よし、いい子だね。もうじき着《つ》くからね、あともうちょっとのしんぼうよ」

そう言って、美喜《みき》がやさしく抱《だ》きしめようとすると、ジョージは弓《ゆみ》のように体をそらせて、まるで火がついたように泣《な》きわめきます。

「マンマン、マンマン……マンマン、マンマン……」

乗客《じょうきゃく》のひとりが、美喜をどなりつけました。

「親のくせに、自分の子をだまらせることもできないのか！」

ジョージはきっと、おなかが空《す》いているのでしょう。

病院《びょういん》でもらったミルクのびんを持《も》たせてみましたが、ジョージはそれを投《な》げつけてしまいます。

美喜も泣きたくなりました。

どうすれば、泣きやんでくれるのでしょう。

と、そのときでした。

列車《れっしゃ》のドアがあいて、赤んぼうを背《せ》おった若《わか》いおかあさんが入ってきました。

「あの、わたしのお乳《ちち》でよかったらどうぞ」

そう言って、ジョージを抱《だ》きとり、自分のお乳を与《あた》えてくれたのです。

お乳を飲《の》みおえたジョージは、すやすや眠《ねむ》りはじめました。

美喜のまぶたの裏《うら》には今も、そのときの若いおかあさんのすがたと顔が焼《や》きついています。

ホームで暮《く》らすようになったジョージは、すぐにみんなとなかよくなりました。

よく食べ、よく遊《あそ》び、よく笑《わら》う、元気いっぱいの赤んぼうでしたが、おなかが空《す》くと、「マンマン、マンマン」と言いながら、泣《な》きわめきます。「マンマを食べたい」という意《い》味《み》だったようです。

このため、ジョージには「マンマン・ジョージ」というあだ名がつきました。親しみをこめたこの呼《よ》び名は、ジョージが大人になってからも、変《か》わることはありませんでした。

マンマン・ジョージはブラジルにわたって一生けんめい働《はたら》き、幸《しあわ》せな結《けっ》婚《こん》をして、三人の子どもに恵《めぐ》まれました。

愛《あい》される日本人

みなさん、ここで、この本の「はじめに」を思い出してください。

家族《かぞく》って、なんだろう。

その答えが、ここでふたたび出てきましたね。

親に見捨《す》てられ、ママちゃまに引きとられて育《そだ》ったマンマン・ジョージは、ブラジルで、自分の「愛する家族」を持《も》ったのです。

家族とは愛《あい》で結《むす》ばれているものです。

美喜《みき》が、親に捨《す》てられた子どもたちを愛《あい》したその「愛」が、今は、大人になったマンマン・ジョージと彼《かれ》の子どもたちのあいだに存在《そんざい》しているのです。人をたいせつに、命《いのち》をたいせつに。

この美喜の教えが、マンマン・ジョージの新しい家族を、幸《しあわ》せな家族をつくったのです。

美喜はその後も、年に二回はブラジルを訪《おとず》れて、マンマン・ジョージたち家族に会いました。

のちに著書《ちょしょ》のなかで、美喜はマンマン・ジョージのことをこのように書いています。

みなさんが美喜《みき》のことばを読み終えたとき、この「ママちゃまと名もなき花たちの家族《かぞく》の物語」も終わります。

もちろん、ハッピーエンドでね。

私《わたし》は春と秋とに訪《たず》ね、いつも変わらぬ二人（マンマン・ジョージ夫妻のこと）に会うことがうれしかった。むかし私が、マンマンといっては泣《な》きさけぶジョージを腕《うで》にした時と同じ顔の子供達《こどもたち》をみて、もう一度《いちど》この幸《しあわ》せな父親の幼《おさな》いときを思い出すのだ。三人とも父そっくりな金髪《きんぱつ》と茶色の目をしている。幸福《こうふく》なこの一家は、堅実《けんじつ》な家庭、かわらない愛にみちた家庭をきずき、だれからも愛されずにはいられない存在になりつつある。私が最初《さいしょ》から抱《いだ》いていた子供達に対《たい》する夢《ゆめ》を実現《じつげん》してくれた子の一人であり、私の誇《ほこ》りともなっている。

〈中略《ちゅうりゃく》〉

それにもましてうれしいことは、私《わたし》が行っている間にジョージといっしょに町に行くと、見知らぬブラジル人までが彼《かれ》に手をふってあいさつをしていることだ。名は知らないけれど町で重い荷物《にもつ》を背負《せお》って歩いていたから、家までおくってやった人だという。また、病人《びょうにん》を遠《とお》くの病院《びょういん》につれて行きたくてもバスに乗《の》せることもできないでいた人を送ってやったり、道にうずくまっている見知らぬブラジル人を行き先まで乗《の》せたりすることなどが度重《たびかさ》なった結果《けっか》、彼は町の人々に愛《あい》される日本人となっているのである。

私は彼がその事業《じぎょう》に成功《せいこう》したということよりも、移住地《いじゅうち》の中にとけこんで、この土地の人々の心をしっかりとつなぎとめていることが何よりもうれしいことであった。

人と人を結《むす》ぶかけ橋《はし》こそ、私の夢《ゆめ》を実現《じつげん》し得《え》たことである。私のこの上なき喜《よろこ》び、そして生きがいに感謝《かんしゃ》する気持《きも》ちでいっぱいである。

『母と子の絆』より

あとがき　この本を手に取ってくださったみなさんへ

なぜ今、この時代に、戦争混血孤児の物語——本当にあったお話——を書いたのか。

それは、今の子どもたちを取り巻く状況が、決して手放しで安心できるようなものにはなっていないのではないかと思うから。幼児虐待、育児放棄、いじめという名の暴力、学級崩壊、不登校など、問題はむしろ深刻化していると言っても過言ではない。敗戦後の混乱期に比べれば、日本社会は圧倒的に豊かになり、便利になり、物質も情報もあふれかえっている。それなのになぜ？　と、首をかしげたくなるのは、私だけだろうか。

この作品を書いているあいだ中、私は、子どもたちの生命力に胸を打たれつづけていた。強くたくましく生きる。したたかにしなやかに生きる。踏まれても踏まれても起き上がって咲くたんぽぽのような、戦争混血孤児たちの命の力に。

この感動を、二十一世紀を生きる子どもたちに伝えたいと思った。今こそ伝えなくてはならないと。戦争混血孤児たちのその後の人生を追いかけるのではなく、読者と同じ年代だったころの子どもたちの「今」に焦点を当てて書いたのは、このような意図があってのことである。

タイトルの「名もなき花たち」とは、親に捨てられ、名前すら持たない、ひとりの力ではとうてい生きていけない赤ん坊たちを意味している。同時に、私たちもまた、生まれてきたときには誰もが「名もなき存在」であった、という思いもこめた。

名もなき赤ん坊たちに名前をつけ、美しい花を慈しむようにして育て上げた愛の人、澤田美喜さんの偉業に、あらためて、尽きせぬ敬意を捧げたい。

本書は『あんずの木の下で――体の不自由な子どもたちの太平洋戦争』『ぶどう畑で見る夢は――こころみ学園の子どもたち』につづく、児童向けノンフィクションの第三弾です。「子どもと戦争」「子どもと差別」をテーマに据えた本シリーズの企画立案者である、原書房の編集者、相原結城さんにこの場をお借りして感謝いたします。

二〇一九年五月

小手鞠るい

参考文献

『母と子の絆　エリザベス・サンダース・ホームの三十年』沢田美喜著　ＰＨＰ研究所（一九八一年）
『混血児たちの母　沢田美喜』栗栖ひろみ著　教会新報社（一九八二年）
『これはあなたの母　沢田美喜と混血孤児たち』小坂井澄著　集英社文庫（一九八八年）
『澤田美喜　黒い肌と白い心――サンダース・ホームへの道』澤田美喜著　日本図書センター（二〇〇一年）
『ビジュアル伝記　日本と世界を結んだ偉人　大正・昭和編』河合敦監修　ＰＨＰ研究所（二〇一二年）
『シリーズ戦争孤児　②混血孤児――エリザベス・サンダース・ホームへの道』本庄豊編　汐文社（二〇一四年）
『ＧＨＱと戦った女　沢田美喜』青木冨貴子著　新潮文庫（二〇一五年）
『なりたい自分になろう！　人生を切りひらいた女性たち２』樋口恵子監修　教育画劇（二〇一六年）
『「混血児」の戦後史』上田誠二著　青弓社（二〇一八年）

なお、澤田美喜さんの著書からの引用については、明らかな誤字・脱字を訂正した上で掲載しております。

また、Ｐ18、Ｐ19の挿絵については、写真家、影山光洋さんの写真をもとにして描きました。

謝辞

本書の執筆にあたって、聖ステパノ学園中学校の元教諭の池澤登志美さんから、貴重なお話をたくさんお聞かせいただきました。また、エリザベス・サンダース・ホームOB会副会長の岡村正男さんと、卒園生の和田郁男さんには、本作の原稿を事前に読んでいただき、さまざまなアドバイスを数多く頂戴いたしました。

池澤さんが「澤田さんとの時間は宝」とおっしゃっていたこと、岡村さんの一番好きな澤田先生の言葉は、本書の冒頭でもご紹介している澤田さんの文章であること、和田郁男さんが今も「楽天家のイクオ」そのままの、あたたかく明るいお人柄の持ち主でいらっしゃることが、私たちの心に残っています。

お三方のほかにもたくさんのお力添えをいただいて、本書を完成させることができました。

ここに記して、感謝いたします。

著者・編集部

エリザベス・サンダース・ホームのあゆみ

西暦	和暦	おもなできごと
一九四八	昭和二三	大磯町に乳児院エリザベス・サンダース・ホーム創立。澤田美喜が初代園長に就任
一九五三	昭和二八	学校法人聖ステパノ学園小学校開校。澤田美喜、初代校長に就任
一九五四	昭和二九	ジョセフィン・ベーカーがチャリティー公演のため来日。ホームを訪れる
一九五五	昭和三〇	昭和天皇・皇后両陛下が来園
一九五九	昭和三四	四月、学校法人聖ステパノ学園中学校創立。澤田美喜、初代校長に就任 四月一九日、英国聖公会カンタベリー大主教が来園

一九六五	昭和四〇	六名の卒園生を乗せたサントス丸がブラジルへ向けて出航
		澤田美喜が国際孤児財団の世界婦人賞を受賞
一九六七	昭和四二	ホームの花嫁第一号誕生
一九七二	昭和四七	澤田美喜が勲二等端宝章を受賞
一九八〇	昭和五五	澤田美喜がスペインのマヨルカ島にて没。享年七八歳
一九八七	昭和六二	澤田美喜記念館落成
二〇〇二	平成一四	平成天皇・皇后両陛下が来園

作成　編集部

ぶどう畑で見る夢は

こころみ学園の子どもたち

昭和 44 年、栃木県足利市に誕生した「こころみ学園」。
知的障害のある子どもたちと、
ひとりの教師が作り上げたぶどう畑の奇跡。

人として豊かに生きることの意味を
教えてくれる 1 冊。

あんずの木の下で

体の不自由な子どもたちの太平洋戦争

それでも生きる——
「お国」に見捨てられても。

国に何度も見捨てられた
障害のある子どもたちの
日本一長い「学童疎開」とは。
知られざる感動のノンフィクション。

◆著者
小手鞠るい（こでまり・るい）
1956年、岡山県生まれ。同志社大学法学部卒業。1981年、第7回サンリオ「詩とメルヘン賞」を受賞。1993年、第12回「海燕」新人文学賞を受賞。2005年、『欲しいのは、あなただけ』（新潮社）で第12回島清恋愛文学賞を受賞。2009年、原作を手がけた絵本『ルウとリンデン 旅とおるすばん』（講談社）でボローニャ国際児童図書賞を受賞。2019年、『ある晴れた夏の朝』（偕成社）で一般社団法人「日本子どもの本研究会」第3回作品賞を受賞。そのほかの著書に、『泣くほどの恋じゃない』『曲がり木たち』、児童向けノンフィクション作品『あんずの木の下で』『ぶどう畑で見る夢は』（小社）がある。一般文芸書、児童書など著書多数。ニューヨーク州在住。

名《な》もなき花《はな》たちと
戦争混血孤児《せんそうこんけつこじ》の家《いえ》「エリザベス・サンダース・ホーム」

2019年6月23日　第1刷

著者……………………小手鞠《こでまり》るい
装幀……………………永井亜矢子（陽々舎）
装画……………………北原明日香
写真……………………グレン・サリバン
発行者…………………成瀬雅人
発行所…………………株式会社原書房

〒160-0022 東京都新宿区新宿 1-25-13
電話・代表　03(3354)0685
http://www.harashobo.co.jp/
振替・00150-6-151594

印刷・製本…………図書印刷株式会社

ISBN 978-4-562-05668-2 Printed in Japan